진리로 물들이고

예수로 옷 입다

진리로 물들이고 예수로 옷 입다

초판1쇄 인쇄 | 2020년 9월 2일
초판1쇄 발행 | 2020년 9월 9일

지은이 | 이현숙
펴낸이 | 김진성
펴낸곳 | **벗나래**

편　집 | 허　강
디자인 | 이은하
관　리 | 정보해

출판등록 | 2012년 4월 23일 제2016-000007호
주　　소 | 경기도 수원시 장안구 팔달로237번길 37, 303(영화동)
대표전화 | 02) 323-4421
팩　　스 | 02) 323-7753
전자우편 | kjs9653@hotmail.com

Copyright©by 이현숙

값 15,000원
ISBN 978-89-97763-35-1(03230)

이현숙 간증 에세이

진리로 물들이고 예수로 옷 입다

40년 광야를 걸으며 마주한 하나님의 깊은 임재와 통찰

이현숙 지음

그리스도의 남은 고난을
내 육체에 채우노라

주민센터에 볼일이 있어 나갔다가 직원들끼리 주고받는 얘기를 들었다.

"잠실 주민센터에서 청소할 사람을 구하고 있대요."

무심결에 듣고 집으로 돌아오는데, 불현듯 거기에 지원해야겠다는 생각이 들었다. 이튿날 다시 찾아가 알아보니 아직 사람을 구하지 못했다고 했다. 그날부터 나는 청소를 시작했다.

첫 출근 날, 헬스장부터 청소를 시작하려고 안으로 들어갔다. 슬리퍼가 있기에 무심코 신었는데 어디선가 호된 핀잔이 날아왔다.

"기분 나쁘게 왜 남의 슬리퍼를 신어요?"

순간 크게 당황했다. 슬리퍼에 주인이 있는 줄은 꿈에도 생각지 못했다.

"아, 죄송합니다. 공용인 줄 알고… 제가 실수했네요."

이튿날이었다. 웬일인지 어제 핀잔을 주던 회원이 다가와 뜻밖의 말을 했다.

"어제는 죄송했어요."

"아닙니다. 저라도 기분이 나빴을 것 같아요."

그날 이후 거짓말처럼 그 회원과 가장 가깝게 지내게 되었다. 발을 다쳐 청소가 불편했을 땐 그 회원이 가장 많이 위로하며 배려해 주었다. 어떤 회원은 내게 이런 말을 건넸다.

"아주머니는 오해를 안 하시는 것 같아 좋아요."

그 말을 듣고 나서야 센터 이용자들과 청소 담당자들 사이에 나름대로 고충이 있었다는 걸 알게 되었다. 센터 이용자들과 청소 담당자들 사이에 별생각 없이 던진 말로 서로 상처를 입고 기분이 상한 일이 꽤 많았던 것 같다.

청소를 하면서 가장 큰 문제는 작업 환경이었다. 청소 용구는 빗자루와 걸레, 세제가 전부였다. 마치 돌도끼 하나로 사냥했던 구석기 시대처럼, 여기도 청소로 보자면 구석기 시대 같았다. 아무리 요청해도 돈이 없다는 말밖에 나오지 않았다. 세탁기는 고사하고 밥먹을 간이 식탁 하나 없었다. 당뇨 때문에 도시락을 싸서 다녔는데, 회원들에게 냄새를 풍길 수 없어서 찾다 찾다가 화장실 변기 위에서 먹은 적도 많았다. 고층아파트가 숲을 이룬 잠실에 이런 사각지대가 있나 싶었다. 내 존재가 청소하는 사람이 아닌 '청소기'라는 생각이 들었다.

거의 2년을 다니면서 오랜 약속 하나가 떠올랐다. 목회 초창기인 45년 전, 남편이 살아 있을 때의 일이다. 하나님은 이곳 잠실에 교회를 주시겠다는 응답을 주셨었다. 당시엔 이곳 어디서도 교회를 세울 수 있는 응답의 구름 한 조각조차 보이지 않았었다.

그런데 세월이 지난 후 나를 청소하는 사람으로 이곳에 발붙이게 하신 것이었다. 근본이 하나님의 본체이시나 자기를 비어 종의 형체를 가지고 강보에 싸인 채 말구유에 누인 아기 예수님처럼, 자기를 낮추사 십자가에서 죽으시고 무덤에까지 내려간 성육신의 참된 의미를, 몸으로 밑바닥 청소를 하면서야 비로소 맛보게 하셨다.

나는 초등학교 3학년 이후로 단 한 번도 발표라는 걸 해본 적이 없다. 그런 내게 설교를 하게 하시더니, 하나님은 이제 간증까지 쓰

게 만드신다. 구구절절 늘어놓는 게 용납이 안 돼 딱 한마디로 줄이고 싶어도 마음뿐이고, 더군다나 주의 영광을 인간의 언어로 쓰려니 난감하다. 그럼에도 간증을 쓰게 된 것은, 벼랑 끝에서 하나님의 옷자락이라도 붙잡고 매달리고 싶은 사람이 우리 주변에 적지 않기 때문이다. 나 또한 그 벼랑 끝에서 '범사에 감사하라'는 말씀 한 줄을 붙잡고 뛰어내렸더니, 독수리 날개와 같은 오직 주의 은혜의 날개가 받쳐주어 오늘에 이르렀다. 절망에서 구원받은 내 삶을 함께 나누고 싶었다.

공평하신 하나님께서는 누구에게나 똑같이 은혜를 베푸신다. 다만 그 은혜는 밭 속에 숨겨져 있다. 내 경우는 '범사에 감사하라'는 말씀에 순종할 때 그 보석이 찾아졌다. 찾은 것은 영롱하게 내 안에 저장되었다. 이 과정은 예수께서 십자가를 지시기 전에 주님이 드린 기도의 응답을 이루는 과정이었다. 나는 종종 밭 속에 감춰진 보배를 찾은 이마다 '진리로 물들고 예수로 옷 입어' 복 있는 사람으로 하나님과 사람 앞에 발견되는 것을 본다.

"곧 내가 저희 안에, 아버지께서 내 안에 계셔 저희로 온전함을 이루어 하나가 되게 하려 함은 아버지께서 나를 보내신 것과 또 나를 사랑하심 같이 저희도 사랑하신 것을 세상으로 알게 하려 함이로소이다(요 17:23)"

이 책은 1부와 2부로 나누어 기록했다. 1부는 고난의 통증을 통해 눈이 열려 깨닫게 된 시간을 모았고, 2부는 친히 창조하신 자연을 통해 드러내신 하나님의 능력과 신성들을 내 영의 눈이 열려 보게 된 것에 대한 감사다. 아울러 책의 두께와 별개로 감히 주의 영광을 보았다고 고백하는 이 간증은, 지극히 부분적인 것임을 이해해 주시기 바란다.

"우리는 부분적으로 알고 부분적으로 예언하니 온전한 것이 올 때에는 부분적으로 하던 것이 폐하리라(고전 13:9~10)"

　하루는 단골이 된 헬스장 회원에게서 호기심 가득한 눈빛을 받았다.

　"이현숙 님, 궁금해서 그러는데요. 청소하시는 일 말고, 다른 일 하시는 거 있으시죠? 왠지 청소만 하는 분 같지 않다고 느껴져서요."

　"제가 그렇게 보이세요?"

2020년 초여름 옥상 텃밭에서

저자 이현숙

진리로 물들이고 예수로 옷 입다

02부

1부

PART 1

성장환경

또 미리 정하신 그들을 또한 부르시고 부르신 그들을 또한 의롭다 하시고
의롭다 하신 그들을 또한 영화롭게 하셨느니라(롬 8:30)

어머니

어릴 적 나는 어머니가 끓여주는 미역국을 싫어했다. 엄마표 미역국은 간장 물에 발을 담근 성근 미역잎 하나가 전부였다. '우리 엄마는 미역국을 끓일 줄 몰라'라고만 생각했다. 그런데 큰어머니가 어머니 얘기를 들려주었다.

"현숙아, 예전에 네 외가에 갔었는데, 미역국에 숟가락을 꽂아도 넘어지지 않더라. 얼마나 미역과 고기로 빽빽했는지 말이야."

"에이, 거짓말."

"네 엄마는 멋쟁이였어. 시집을 왔는데 허리가 가늘어 물동이도 못 이었어, 블라우스 끈도 길게 해서 묶었고, 여우 목도리도 하고

다녔다."

난 전혀 보지 못했던 어머니의 모습이었다. 어머니를 통해 당신의 지난 삶을 들은 일이 거의 없다, 그래서 외가 형편이 어떤지도 몰랐다. 다만 큰언니를 통해 시집오기 전 엄마가 살던 형편을 짐작할 뿐이었다.

"현숙아, 나 어릴 땐 거의 외갓집에서 살았다. 우리 집은 늘 배가 고팠거든."

어렸을 때 어머니에 대한 기억도 별로 없다. 다만 어머니가 늘 집에서 주사를 맞았던 건 생각난다. 원래는 심장판막증이었는데, 당시에 폐결핵으로 오진해서 맞은 것이라고 했다. 그때부터 밥은 할 수 없이 큰언니가 해야 했다. 집안일은 아무것도 못 하고 조용히 밤나무 밑을 거닐던 어머니의 모습이 지금도 기억난다.

어머니는 10남매를 낳았다. 하지만 내 위로 아들 넷을 홍역으로 잃었다. 아마 그 충격이 심장판막증을 앓게 된 원인이 되었던 것 같다. 어머니가 내리 아들을 잃었는데도 아버지는 꽤 표현을 안 하셨나 보다. 하루는 어머니가 아버지를 이렇게 질책했다고 한다.

"어떻게 그리 무덤덤할 수 있어요!"

그러자 아무 말 없이 아버지가 침을 탁 뱉으셨는데, 그 침에 피가 배어 있더라는 말을 들었다. 나중에 어머니는 집안 어른들께 이렇게 고백하셨다.

"아마 애간장이 녹아내렸지만, 표현은 안 하고 있었던 것 같아요."

　아버지는 척추 결핵이라는 병을 얻고 말았다. 아버지의 병원비
는 논과 사랑채를 전부 처분해도 모자랐다. 1965년에 이미 300만
원이 넘는 빚이 있었다. 아버지는 5남매와 빚을 어머니에게 남겨주
고 떠나셨다. 성정이 꼿꼿하신 어머니는 남겨놓은 다섯 마지기의
논농사로 빚을 몽땅 갚았다.

　우리는 고구마와 싸레기로 끓인 죽을 먹어야 했다. 벼가 채 여물
지 못하고 반 쭉정이로 만든 싸레기죽은 씁쓸했다. 맛없기로 보리
등겨로 만든 개떡이 일등이라면, 싸레기죽은 이등을 갈 정도였다.
가끔은 된장에 시래기를 넣어 죽을 끓이기도 했지만, 맛이 나아지
지는 않았다. 큰집에 가면 그래도 싸레기에 팥을 넣어 떡으로 만들
었다. 그러면 팥 덕분에 맛이 훨씬 좋아졌다. 그러나 우리 집은 언
감생심이었다.

　그래도 다행이랄까. 아침에는 그나마 밥이었다. 말이 밥이지 고
구마에 밥알이 좀 붙어 있는 정도였다. 나는 고구마의 들큰한 맛이
싫었다. 점심 도시락은 꽁보리밥에 고추장이 전부였다. 친구들은
쌀밥에 까만 콩조림, 노란 단무지, 멸치조림으로 된 도시락을 펼쳐
놓고 먹었다. 나는 창피해서 뚜껑을 덮어놓고 얼른 퍼먹었다. 친구
들이 펼쳐놓고 먹는 도시락이 너무나 부러웠다. 중학교 때는 아예
도시락을 싸가지 않았다. 3학년이 되니 위가 너무 아팠다.

　시골의 겨울밤은 길었다. 석유를 아끼느라 초저녁부터 잠자리

에 들었다. 어머니는 한숨 자고 나면 '저것들 굶겨 죽이는 것' 같아 밤새 잠을 못 주무셨다고 한다. 근심과 걱정으로 머리가 아파서 매일 이마를 끈으로 묶고 있었다. 어머니는 그 당시 '명랑, 뇌신'이라는 진통제를 달고 사셨다. '저것들을 어떻게 먹여 살려야 하나' 하는 생각에 남편 죽은 것을 생각할 겨를이 없었다고 어른들끼리 말하는 소리를 어렴풋이 들었다. 30년이 흐른 뒤 동창회에서 한 마을에 살았던 친구를 만났다. 그 친구가 대뜸 한마디 던졌다.

"너의 엄마가 너를 많이 사랑했다."

"뭐라고?"

나는 충격을 받았다. 엄마가 날 사랑했다는 것을 전혀 느끼지 못하고 딸이라 차별받았던 것만 새겨져 있었다. 그럴 때마다 나는 어머니께 쏘아붙였다.

"부모가 되어 가르치지도 못할 것이면, 왜 낳았어요."

내 존재가 있게 된 것에 대해 감사하기는커녕 원망만 했다. 그것이 하늘과 부모에게 죄를 짓는 것인 줄도 몰랐다. 어머니는 50대 중반에 예수님을 영접했고, 신유의 은사까지 임해서 심장판막증도 치료되었다. 어머니가 아픈 이를 위해 기도하면 병이 낫기도 했다. 권사 임명도 받았다. 그렇게 별 질병 없이 99세까지 사셨다. 다만 건물이 무너질 때 다친 후유증으로 3년간 누워 계셨다. 어머니의 삶이 마감될 것 같아 이별을 준비하는 마음으로 어머니께 갔다. 나를 못 알아보셨다. 어머니의 두 손을 잡았다.

"엄마, 사랑해요."

다 꺼져가는 의식인데도 약하게 고개를 끄덕였다. 어색함을 참지 못해 나는 한마디를 덧붙였다.

"엄마한테 사랑한다는 말을 들은 적이 없어서 지금까지도 난 그런 말을 할 줄 몰라요."

그리고는 순간 속으로 혀를 끌끌 찼다.

'너도 너다. 돌아가시려는 어머니 앞에서 꼭 그 말을 해야 했니.'

어머니와 단둘이 만나면 어색했다. 모녀인데도 할 말이 없었다. 지금 생각하면 나라는 사람에게 참 아쉽다.

"어머니, 그 모진 세월을 어떻게 사셨어요."

어머니께 왜 따뜻한 이 말 한 번 건네지 못했을까.

아버지와 어머니

동네 아이들과 놀다가 집 마당에 들어섰다. 맞은편에는 어머니가 남동생을 안고는 머리를 다소곳이 숙이고 계셨다. 아버지가 어머니에게 언성을 높여 나무라셨다. 큰어머니는 아버지를 보고 가끔 절구로 천장을 찧는다고 하셨는데, 그날은 그 정도는 아니었지만 처음 목격하는 모습이었다. 낮에 있었던 동네잔치에서 청년이 술 권하는 것을 어머니가 손으로 제지한 것에 대해 질타하던 중이었다. 그날 이전에도 이후에도 부모님이 싸우는 장면을 본 적이 없다.

가을 태풍은 시골 아이들에게 선물이었다. 짙은 밤색의 알밤과 감나무 밑에 떨어진 홍시를 주워 먹는 달콤함은 행복 그 자체였다. 그러나 우리에게는 절대 금지였다.

"사람이 추해진다."

그 밤과 감나무는 큰집 산에 있었다. 동네 아이들은 다 가도 나는 못 갔다. 하루는 꽈리가 땅에 떨어져 있어서 얼른 주웠다. 신이 나서 '꽉꽉' 불고 다녔다. 아버지와 맞닥뜨렸다.

"어디서 났니?"

"응, 주웠어."

나는 주웠다고 했는데도 아버지는 '훔쳤다'며 아주 호되게 야단을 치셨다. 그 뒤로는 돈이 떨어져 있어도 일절 줍지를 않았다. 그래도 아버지께 서운하지는 않았다. 아버지는 충분히 재미있는 분이셨기 때문이다.

보리타작을 한 후 마당을 쓸어 모닥불을 피웠다. 아버지는 모닥불 속에 돌을 몇 개 던지셨다. 그리고 얼마 있다가 끄집어내셨는데 구운 감자였다. 토끼 눈을 하고 있던 우리 앞에서 아버지는 고개를 갸우뚱거리셨다.

"어? 돌을 던졌는데 감자가 나왔네?"

우리는 구운 감자를 맛있게 먹었다.

하루는 무를 깎던 과도로 갑자기 당신의 배를 푹 찌르면서 "아야” 하셨다. 그런데 피가 나오지 않았다. 나는 조약돌이 왜 감자로 변했는지, 배를 찔러도 왜 피가 나오지 않는지 나중에서야 알았다.

고향인 충남 대덕군 진잠면 송정리 뒷동산에는 축구장 넓이의 묘지가 잔디로 덮여 있었다. 아이들에게는 천혜의 놀이터였다. 다섯 개의 봉 분위는 수시로 벗겨져 있었다. 아이들은 산지기 영감에게는 골칫거리였다. “이놈들!” 하며 쫓아오면 도망갔다가 다시 모여들었다. 엄마들이 “아무개야, 저녁 먹어라.”하고 부를 때까지 놀았다.

이곳에 가끔씩 아버지가 나타나셨다. 물구나무를 선 채 아이들과 달리기도 하고, 두 방치기와 손을 가로질러 넘는 줄넘기로 묘기를 부리셨다. 팔뚝에 솟아오른 알통을 보여주시기도 하고, 그 팔에 아이들이 두세 명 매달리면 풍차처럼 돌았다. 농한기에는 저녁상을 물린 뒤 호롱불에 둘러앉아 딸들에게 노래자랑도 시켰다. 둘째 언니의 하모니카 연주에 맞춰 노래를 부르곤 했다. 이때의 기억이 내 생애 가장 행복한 순간으로 남아 있다.

아랫목 이불 속에 누워 있었을 때였다. 윗목 호롱불 밑에서는 아버지와 어머니가 책 한 권을 펼쳐놓고 함께 읽고 계셨다. 호롱불 때문에 두 분의 그림자가 나를 덮고 있었다. 누운 채로 두 분을 바라보고 있자니 문득 ‘이런 날이 길지 않을 것 같다’는 생각이 들었다. 왠지 슬퍼지면서 눈물이 흘렀다. 평화롭고 행복했던 생활의 끝은 그 불길한 예감 2년 후에 닥쳐왔다.

내가 4학년이었던 1963년 11월, 아버지에게 척추결핵이 발병했다. 동네에 결핵을 앓으면서 혼자 살던 아주머니가 죽었다. 그 집에는 흰 끈이 둘려쳐져 있었다. 아무도 장례를 치르려 하지 않았다. 아버지가 그 장례를 치렀다. 그때 들어갔던 결핵균이 무거운 돌을 들다 삐끗한 척추로 침입해 발병했다. 대전 도립병원(충남대병원)에 입원을 했다. 수술했지만 상처가 아물지 않았다. 8개월을 병원에 입원해 있던 아버지는 더 이상 병원비를 감당할 수 없어서 무료 병동으로 옮겨졌다.

5학년 여름 방학이었다. 방학하자마자 아버지가 입원한 병원으로 갔다. 무료 병동은 본관 뒤에 떨어져 있었다. 본관에서 무료 병동 쪽으로 향하자 악취가 진동했다. 치료할 때 보니 아버지의 등 전체가 새까맣게 썩어 있었다. 그 와중에 통지표를 보여드렸다. 하지만 보시지도 못하고 고개만 끄덕이셨다. 평소에 통지표를 보여드리면 "현숙이 너는 중학교에 보내 줄게" 하셨던 아버지였다.

그 다음 날 밤 퇴원한 아버지는 집에서 하루를 더 사셨다. 금산에 계시던 작은아버지가 오시자 눈에서 눈물 한 방울이 흘러내렸다. 그렇게 아버지는 돌아가셨다. 어른들이 동생을 기다리느라 못 갔다고 했다. 향년 49세였다. 아버지가 돌아가신 날 방문 앞 하늘에 직사각형의 작은 무지개가 떴다. 이웃 마을에 사는 큰언니의 시어머니가 그 무지개를 보고 언니에게 "무지개가 너의 집 방문을 향해 꽂혀 있는 것 같다. 네 아버지가 무지개를 타고 가신 모양이다"

라고 말씀하셨다.

　그때의 내 간절한 소원은 아버지가 환갑까지 사는 것이었다. 이 소원이 마음에 옹이로 박혔나 보다. 누가 죽었다는 소식을 들으면 나는 습관적으로 몇 살이냐고 물었다. 60세 이상이면 '그래도 살 만큼 살았네'라고 했다. 별로 애석해하지 않았다.

　무료 병동의 참상은 병원은 갈 곳이 못 되는 곳으로 내게 각인되었다. 어려서 친척들의 죽음을 여러 번 경험했다. 동네 사람들은 산재가 들었다고 수군거렸다. 그 죽음들을 보면서 '울다가 끝나겠네, 다시는 울지 말아야지'하고 결심했다. 그 뒤로는 눈물이 말랐다.

　그런데 이 글은 쓰면서 아버지의 참혹한 병원생활이 감사한 기억으로 바뀌었다. 8개월여의 병원생활 중에 병원으로 전도하는 팀이 왔나 보다. 어머니의 말에 따르면 병원의 전도 팀에게 세례를 받았다고 했다. 아버지에게 병원생활은 예수님을 영접할 수 있었던 기회였던 셈이다. 그날 아버지가 영원한 생명으로 들어가셨다는 확신이 생겼다.

할머니

　할머니는 큰아버지가 돌아가시자마자 둘째 아들인 우리 집으로 오셨다. 할머니는 윗방에서 주무셨는데 마침 남동생이 태어났다. 아랫방이 좁아지자 어머니는 내게 윗방으로 가서 자라고 했다. 할머니는 주무실 때 '푸우, 푸우'하는 숨소리를 내셨다. 덮고 주무시는 이불도 무거웠다. 할머니를 잘 따르지 않았던 나는 싫다고 했지만 어머니는 안 된다고 했다. 할 수 없이 윗방으로 갔다. 나는 할머니와 같이 누워 자기가 싫어 쌓여 있는 쌀가마니 옆에 밤새도록 쪼그리고 앉아 있었다. 다음날부터 바로 아래 여동생이 할머니 방으로 갔다.

논 3마지기(600평)을 가지고 분가한 부모님은 먹고살기가 늘 빠듯했다. 아버지는 해방 전 평양, 만주 등으로 돈벌이를 하러 가셨다가 해방되어 돌아올 때는 옷과 수건, 운동화 등을 많이 가져왔다. 그것들을 동네 사람들에게 모두 나누어 주었다고 들었는데, 정작 딸인 큰언니는 운동화를 못 신었다고 한다. 그래서일까. 어머니는 가끔 이런 넋두리를 하시곤 했다.

"그것을 팔았으면 논 30마지기는 살 수 있었어."

하루는 할머니가 소쿠리에 보리등겨로 만든 개떡을 담아서 마당에 깔린 멍석으로 나오셨다. 그리고는 이렇게 큰 소리를 내셨다.

"아이쿠, 맛있다. 아이 맛있다."

그 말에 속아 소쿠리에서 개떡을 꺼내 한 입 깨물던 나는 개떡을 다시 소쿠리에 던졌다.

"할머니, 이딴 게 뭐가 맛있다고."

"그럼 어떻게 하니. 어른이 맛있게 먹어야지."

말꼬리를 흐리는 할머니 앞에서 나는 투정을 자주 부렸다. 보리등겨 개떡은 내가 먹어본 음식 중 가장 맛이 없었다.

그런 할머니의 반짇고리에는 책이 함께 들어 있었다. 초등학교 4학년 때 반짇고리에 있는 책을 꺼내 읽었다. 우리가 배우는 한글과는 모음이 달랐지만 꿍꿍거리며 맞춰가면서 읽었다. 성진이가 구름다리에서 팔선녀와 놀았다는 내용인데, 아마 구운몽이었던 것 같다. 할머니는 '금방울 이야기' 같은 옛날이야기도 해주셨다. 큰언니는 "할머니 옷장에는 옷보다 책이 가득 들어 있었지"라고 했다.

1968년 아폴로 우주선이 달에 착륙했다는 뉴스를 듣고 마당에 계신 할머니께 말씀드린 적이 있었다.

"할머니, 지금 달에 우주선이 가 있대요."

"얘가 허황된 소리를 하고 있네."

하긴 조선 말 태어나신 분에게는 무리였을 것이다.

어느 날이었다. 성경을 읽다가 '혹시 유다 가문을 왕의 가문이라고 미화시킨 것도 있지 않을까' 하는 생각이 꼬리를 물었다. 마침 TV에서 이순신 장군에 관한 드라마가 인기리에 방영되어 재미있게 보았다. 김명민이라는 탤런트가 이순신 장군 역으로 열연했다. 그 드라마 속 장군의 인격이 매우 훌륭했다. 그때도 나는 '정말 그랬을까? 작가가 좀 미화했겠지?' 하는 생각이 들었다. 그런데 드라마 속 장군의 성품이 우리 할머니와 많이 닮았다.

할머니는 이순신 장군의 13대 후손이시다. 할머니 덕분에 유다 가문에 대한 의구심이 말끔히 해소되었다. 할머니는 초등학교 때

교과서에 나오는 할머니 상 그대로였다. 난 성격상 할머니를 잘 따르지는 않았지만, 인품이 매우 좋으셨다는 것은 인정한다.

큰어머니

"큰엄마는 현숙이 언니만 조카딸인가 봐."

막내 여동생이 투덜기렸다. 왠지 모르지만 여동생 말대로 큰어머니는 조카 중에서도 유독 나를 귀여워해 주셨다.

명절이 오면 큰집에서 제사를 지냈다. 끝나고 나면 사과, 밤, 배, 대추며 쓰르메(오징어) 조각을 조카들에게 나누어 주셨다. 그런데 내 차례가 오면 나는 손을 내미는 것이 아니라 두 손을 뒤로 감추었단다. 꼭 내 손을 열어 양손에 쥐어 줘야만 받았단다. 아마 그러한 모습이 큰어머니 눈에는 귀엽게 보이셨나 보다.

아버지 삼형제는 한 동네에 사셨다. 큰집은 마을에서 유일하게 양철로 된 지붕을 얹어 '양철집'으로 불렸다. 큰아버지는 새벽마다 뒤꼍으로 해서 집을 한 바퀴 돌아 나오시면서 "어흠!"하고 가셨다. 작은집도 똑같은 모습으로 둘러보고 나오셨다. 밤 사이 동생들의 안녕을 살피는 것을 장자의 의무라고 생각하셨던 것 같다. 큰아버지는 내가 초등학교에 들어가기 직전 돌아가셨다. 돌아가신 후에도 한동안은 "어흠" 하시는 큰아버지의 음성이 들리는 듯했다.

동네의 공동 우물 청소는 큰어머니의 몫이었다. 더럽혀지는 것을 못 참는 큰어머니는 오물이 보이는 대로 청소를 하셨다. 그런데도 사람들은 입을 삐죽였다. 더럽혀 놓았다고 야단치며 청소를 하시니 '공치사'한다고 싫어했다.

큰집의 셋째 언니가 결혼을 했는데, 없던 병을 얻었다고 어른들이 걱정을 하셨다. 그런데 교회를 나간 후부터는 병이 치료되었다. 그 언니의 전도로 큰어머니는 예수님을 영접했고, 모든 예배에 빠짐없이 참석했다. 글을 모르셨는데 초등학교 1학년인 손녀에게 글을 배우신 후 성경도 읽고 찬송가도 읽게 되셨다.

아버지가 돌아가신 후 지병이 있던 어머니는 농사를 힘들어하셨다. 우리는 큰집이 있는 대전으로 이사했다. 큰어머니는 내게 교회에 나가자고 집요하게 권하기 시작했다. 나는 귀찮아졌다.

'그래 딱 한 번만 갔다 오자. 그리고 교회에 한 번 갔다 왔으니 이제는 그만하시라고 거절하자.'

큰어머니는 주일날 우리 집에 일찍 오셨다. 나는 큰어머니를 따라 '대전성결교회'로 갔다. 마루에는 방석이 깔려 있었다. 맨 뒤에 앉으려 했더니 은혜를 받으려면 앞자리로 가야 한다며 맨 앞에다 앉혀 놓으셨다. 무릎을 꿇고 앉아 있으려니 발이 너무 저렸다. 좌불안석 고통스러웠다. 그런데 그 와중에도 앞에서 하는 연설이 너무 재미있게 들렸다.

어렸을 때 동네 헛간에서 사람들이 모여 몸을 흔들며 '영원, 영원'이라고 노래하는 소리를 들은 기억이 지금도 귀에 쟁쟁하다. 찬송가를 불렀던 기억도 선하다. 그 순회 전도사를 목을 빼고 기다렸는데 다시는 안 왔다. 커가는 과정에서 이 기억은 묻혀 버렸다. 앞에서 연설하는 분이 목사라는 것도 몰랐다. 그 연설이 너무 재미있었다. 딱 한 번만 가고 끝내려던 생각이 지워지고 말았다.

이튿날은 월요일인데도 큰어머니가 오셔서, 지금 교회에서 부흥회를 하니 가자고 하셨다. 강사로 최복규 목사님이 초청되었다. 말씀은 출애굽기 성막에 관한 설교였다. 성막 기구 중에 번철은 성도들이 받는 연단이며, 어느 한쪽만이 아니라 앞뒤로 뒤집어가며 구워져야 한다는 내용이었다. 5일간의 부흥회가 너무 재미있었다. 지금까지 들은 설교 중 제일 생생할 정도이다. 큰어머니는 교회는 주일에만 가는 것이 아니라 새벽예배도 드려야 한다며 나를 데리러 오셨다. 어렸을 때 내 손을 열어 사과, 배를 쥐어 주시던 큰어머니는 내 손에 예수 그리스도를 놓아 주셨다.

날개 꺾인 새

초등학교 6학년이 되었다. 1965년 당시에는 중학교도 입학시험을 치렀다. 학교에서는 입시반을 따로 만들어 진학공부를 시켰다. 나는 가정의 빚 때문에 과외비를 낼 형편이 못 돼 진학반에 합류할 수 없었다. 다행히 아버지 친구였던 담임선생님의 배려로 진학반에 합류해 공부할 수 있었다. '일류학교'로 통했던 대전여중에 합격했으나, 대전서중에 장학생으로 가야만 했다. 그나마도 정규학교 과정은 중학교로 끝났다. 그 당시 내 꿈은 적어도 고등학교만은 다니고 싶었다. 당시에는 고등학교만 졸업해도 은행에 취직하고, 회사 사무직으로 갈 수도 있었다. 고속버스 안내양도 고등학교 졸업생을 뽑았다.

중학교 졸업자인 내가 일하고 싶은 직장은 언감생심 바랄 수도 없는 곳뿐이었다. 기술직으로는 미용, 편물, 재봉 등이 있었으나 내 적성에는 너무 안 맞았다. 공장에 단순공으로 취직할 수밖에 없었다. 난 창공을 날고 싶었다. 그러나 아무리 파닥거려도 날아오르지 못하는 '날개 꺾인 새'에 불과하다는 생각으로 매일 한숨을 지었다.

아직 결혼을 생각할 나이는 아니었지만 그 기대마저 무너져 내렸다. 당시에 나를 함몰시킨 가치관은 배우지 못하면 세상을 살 수 없다는 것이었다. 중학교밖에 나오지 못한 나로서는 고등학교, 대학교 출신의 남성은 넘을 수 없는 벽이요, 오르지 못할 나무라고 생각했다. 이렇게 꺾이고 무너지면서 그 원망은 어머니께로 향했다.

"엄마, 가르치지도 못할 거면서 왜 날 낳았어, 낳았으면 가르쳐야지."

이러한 스트레스로 인해 내 머릿속은 흡사 모래로 꽉 차 있는 것 같았다. 아주 답답했다, 그럴 때마다 머리를 흔들었다. '머릿속 뇌를 빼서 맑은 물로 씻을 수는 없을까?'라고 할 만큼 괴로웠다.

찬바람이 불어오는 가을이 되면 '아! 올해도 이렇게 아무것도 한

게 없이 무의미하게 흘러가네'라는 생각이 들면서 가슴이 생마늘을 먹은 것처럼 아리고 쓰렸다. 가을이 오면 다들 단풍 구경을 하려고 몰려드는데, 내 눈에는 하나도 들어오지 않았다. 오히려 깊은 우울증을 앓아야 했다. 죽고 싶다는 생각에 자주 젖어 지냈다. 그때의 번뇌와 울분과 좌절이 미간에 '내 천(川)'자 주름을 낙인처럼 새겨놓았다.

그 이마의 주름과 우울은 20대 초반, 큰어머니의 전도로 예수님을 영접한 후 씻은 듯 사라졌다.

결혼

내가 저를 개유하여 거친 들로 데리고 가서 말로 위로하고
아골 골짜기로 소망의 문을 삼아 주리라(호 14~15)

사망의 음침한 골짜기로

결혼 생각이 추호도 없었다. 배우지 못했다는 콤플렉스에 갇혀 나의 이상형은 올라갈 수 없는 나무일 거라고 아예 단념을 해버렸다. 다만 내가 학력을 갖췄다면, 여성해방 운동가의 길을 가지 않았을까 하는 막연한 생각을 몇 번 했다. 예수님을 영접하고는 '손수레를 끌던 무슨 일을 하던 예수 잘 믿는 사람이면 된다'는 생각이 희미하게 떠올랐다. 스물한 살 되던 해에 이웃 교회에서 부흥회가 열렸고, 그곳에서 부흥강사의 소개로 신학생인 남성을 만났다. 딱히 결혼을 생각하지도 않았는데, 맞선이 진행되었다. 그 자리에서 나는 상대에게 한마디했다.

"결혼 조건은 따로 없고, 이 사람이다 하는 하나님의 뜻만 있으면 됩니다."

상대 남성은 바로 말을 받았다.

"하나님은 자유 의지를 주셨기 때문에, 자유 의지에 따라 선택할 수 있습니다."

'자유 의지'라는 말이 크게 들렸고, 그와 사귀어도 신앙 안에서 건전한 교제가 이뤄질 것만 같았다. 이 간증을 쓰면서 그때 그 자리에 성령이 개입하셨음을 알게 되었다. 내가 가장 좋아하는 가치는 '자유'다. 그랬기에 '자유 의지'란 말이 와닿았을 것이다. 그 사람과 결혼을 위한 걸음을 내딛게 되었다.

두 번째 만남은 그의 집이었다. 당시 남편은 신학교 4학년에 재학 중인 가난한 청년이었다. 신학교에 다니니 당연히 고등학교를 졸업한 줄 알았다. 중학교만 졸업해도 갈 수 있는 신학교가 있다는 걸 몰랐다. 나보다 8년 연상인 그가 초라하고 불쌍해 보였다. '안되었다'라는 동정심이 피어올랐다. 세 번의 만남으로 우리는 결혼을 했다.

대전에 살며 출석하던 교회에서 결혼식을 올렸다. 한복 한 벌과 입던 옷가지를 궤짝에 넣어 서울로 시집왔다. 그 당시 나는 결혼식 자체에 대한 바람이 없었다.

'아니 혼수를 왜 해야 돼? 내가 가주는 것만 해도 고마워할 일 아닌가?'

'예물도 구리반지 하나면 어때?'

'결혼식도 찬물 한 그릇 떠 놓고 절하고 끝내면 좋겠네.'

번거롭고 왁자지껄한 것은 딱 질색이었지만, 그래도 어쩔 수 없이 결혼식은 올렸다. 결혼은 했지만 신혼의 단꿈이나 깨를 볶는다는 말과는 거리가 멀었다. 남편과 대화를 할라치면 꼭 벽에다 대고 하는 느낌이었다. 그뿐 아니라 '그랜드 캐니언'처럼 건널 수 없는 골짜기가 우리 앞에 가로놓여 있는 것만 같았다. 보이지 않는 실체이지만 상당히 괴로웠다. 나는 특별히 그 문제를 놓고 기도했다기보다 하나님 앞에서 이렇게 털어놓았다.

"하나님, '그랜드 캐니언' 같은 이 느낌이 시험이면 물리쳐 주시고, 연단이면 속히 통과할 수 있게 도와 주세요."

머지않아 우리 둘 사이에 가로막혀 있는 계곡은 사라졌다. 대신 이번엔 철길과 같은 평행선으로 변했다. 평행선은 절대 만날 수 없는데, 이 느낌은 또 뭔가 싶었다. 그래도 '그랜드 캐니언'의 고통보다는 덜했다. 그때 나타난 현상은 다툼이었다. 발단은 남편의 한마디였다.

"왜 여자가 눈을 똑바로 뜨고 쳐다봐?"

나는 머릿속이 하얘졌다. 남편은 구타를 하기도 했다.

'옳고 그름에 여자냐, 남자냐가 왜 필요하지? 옳으면 옳다, 그르면 그르다의 문제지.'

나는 수긍할 수가 없었다. 친정에서 부모님이 싸우는 모습을 본

적이 없었기에 너무 큰 충격을 받았다. 그렇게 10년 남짓을 살며 세 아이를 낳았다. 그 무렵 쌓인 스트레스는 극에 달했다. 아이가 젖을 먹고 나면 곧바로 쌀뜨물 같은 뿌연 멍울들을 설사로 쏟아냈다. 6개월까지 통통했던 아이가 이마에 큰 눈만 걸린 것처럼 퀭해졌다.

"아이가 관 쓴 송사리 같구나."

친정어머니는 걱정을 많이 하셨다. 더 이상 살아갈 길이 보이지 않았다.

'십 년은 어떻게 살았는데, 앞으로는 어찌 살까? 예수를 안 믿었으면 이 사람을 만날 일이 없었을 텐데. 예수를 안 믿으면 지옥에 가고, 믿자니⋯.'

온 세상이 깜깜했다. 절망했다. 예수를 믿은 것이 마치 호랑이 등에 올라탄 것 같았다. 사망의 음침한 골짜기에서 헤매고 있는 것 같아 너무 고통스러웠다.

40일 금식기도(1)

암담했지만 이혼을 생각하지는 않았다. 보수적인 가치관을 지닌 친정어머니의 영향에다가 예수님을 믿는 사람이니 그러면 안 되는 줄로만 알고 있었다. 그 무렵 꿈을 꾸었다. 갑자기 땡, 땡, 땡 비상벨이 울리고 학생들이 우르르 쏟아져 나왔다. 열을 지어 제식훈련을 시작했다 그 대열에 나도 있었다. 그런데 나를 보니 음식이 가득 담긴 종이봉투를 꼭 끌어안고 있었다.

당시 내 상태를 꿈을 통해 보게 하는 것 같았다. 금식을 해야겠다는 생각이 들었다. 큰아들이 돌을 갓 지났을 무렵 20일 금식을 한 적이 있었지만, 40일 금식은 엄두도 못 냈었다. 그러나 피할 수 없는 괴로움에 더는 미룰 수가 없었다. 막내 아이가 4살 때인 1983년에 오산리 순복음기도원에서 금식을 시작했다.

금식은 기본 욕구에 해당하는 식욕을 누르고 공복감을 견뎌내는 것이 관건이었다. 공복감이 쏴 하고 파도처럼 밀려오면, 칼로 찌르는 듯 고통이 머물다 갔다. 견디기 힘들고 먹을 것만 생각났다. 그래도 공복감이 밀려오면 '사람이 떡으로만 살 것이 아니요 하나님의 입으로 나오는 모든 말씀으로 살 것이라'라는 말씀을 속으로 외쳤다. 그러면 공복감이 썰물처럼 밀려 나갔다.

금식은 하는 사람도 힘들지만, 옆에서 보는 사람도 힘들다. 응원과 위로차 방문한 가족들은 나 보기가 미안하다며 먹으려 하지 않았다. 10일이 지나니 사람들이 먹는 것을 보는 것만으로도 위로가 되었다. 금식 때는 후각도 예민해졌다. 기도원 공동숙소는 사람들이 많이 드나들었다. 그 사람들에게 나는 사람 냄새가 역겨워지기 시작했다. 그러던 중 금식기도 기간에 참석한 예배에서 조용기 목사님의 선포를 들었다.

"이 자리에는 남편과 시어머니에 대한 미움으로 꽉 찬 사람이 있는데, 미움이 물러갔습니다."

그 말이 미움으로 꽉 차 있는 내 가슴속에 박혔다. 금식 38일째 가 되자 너무 어지러웠다. 어지러움을 넘어 하늘과 땅이 빙빙 돌았 다. 고개를 들 수가 없었다. 고개를 푹 숙이고 무릎만 쳐다봐야 덜 어지러웠다.

'이제 언제 죽을지 알 수가 없다. 나는 지금 살았다고 할 수가 없다.'

막상 죽음 앞에 서니니 살고 싶다는 의욕이 생겼다. 금식으로 우 울증의 깊은 늪에서 벗어났다.

40일 금식에 들어가면서 내심 병을 고치거나 예언하는 은사를 받고 싶었다. 70~80년대 한국 교회는 마치 고린도 교회처럼 모든 은사가 충만하던 때였다. 그런 은사가 나타나면 교회 부흥이 수월 했다. 교회 부흥은 곧 경제의 주름살도 펴는 수단이 될 수도 있었 다. 그런데 나에게는 그런 기미가 없었다. 실망스러웠다. 대신 색감 에 대한 기호가 변했다. 소위 고상한 것보다는 밝고 환한 색이 좋아 졌다. 나는 금식하고 나서 왜 색에 대한 선호도가 바뀌었는지 늘 궁 금했다. 그런데 이단들이 선전하기 위해 사용하는 책자나 전단지 는 뭔지 모르게 색상이 좀 이상했다. 당시엔 그 이유를 명확히 알 수 없었지만, 색감 또한 신앙 상태를 보여주는 중요한 요소는 아닌 지 생각하게 되었다.

그런데 30년이 지난 지금에서야 그 의문이 풀리며 놀라고 있다.

"하나님은 청옥 같고 청명하더라(출 24:10) 앉으신 이의 모양이 벽옥과 홍보석 같고 또 무지개가 있어 보좌에 둘렸는데 그 모양이 녹 보석 같더라(계 4:3)"

색은 하나님을 나타내는 중요한 계시 방편으로 사용되고 있었다. 색은 눈이 열려 보여야만 알 수 있는 세계다. 40일 금식을 했던 당시에는 잘 몰랐지만 하나님께서는 광야로 이끌기 위한 준비를 하고 계셨다.

40일 금식기도(2)

40일 금식으로 기도의 줄을 찾은 건 큰 수확이었다. 철야기도 40일을 작정하고 시누이와 함께 삼각산에 올랐다. 남편과 함께 돌 지난 큰아들을 안고 왔을 때는 저 멀리서 한두 사람 정도 기도했는데, 10년이 지난 지금은 삼각산이 몸살이 날 정도로 기도 인파가 많았다. 험준했던 봉우리는 수많은 발길에 의해 동네 뒷동산처럼 뭉개졌고 여기저기엔 쓰레기가 쌓여 있어 씁쓸했다. 그렇게 시누이와 함께 산에 오르는데 내 입에서 갑자기 이런 말이 나왔다.

"성경에는 범사에 감사하라는 말씀이 있던데, 내 속에는 원망과 불평만이 가득하다. 범사에 감사하는 은혜나 받아보자."

마음 시작이 좋았다. 얼른 기도할 자리를 찾아 앉았다. 곧바로

"주여!" 하고 외치려 했다. 그런데 마치 입술에 납덩이가 매달려 있는 것 같았다. 입이 벌어지지 않았다. 한마디도 할 수 없었다. 낮이라면 기도가 안 될 때 바로 집으로 올 수도 있었으련만, 밤에는 대중교통 수단이 없으니 꼬박 자리에 앉아 있어야 했다. 그뿐 아니라 꼭 체한 것 같이 고통스럽고, 왠지 모르게 분노 조절이 되지 않았다. 언제 터질지 모르는 폭탄 같았다. 기도하기 전보다 더 고통스러웠다. 그래도 어찌어찌 40일 철야 기도를 마쳤다.

집에 오니 남편이 누워 있었다. 꼴도 보기 싫었다. 못마땅했다. 심방이나 가야겠다고 나왔다. 심방을 가서 앉자마자 그 집 책장을 훑어보게 되었다. 《감옥 생활에서 찬송 생활》이라는 제목의 소책자가 눈에 띄었다. 그 책을 빌려 왔다. 남편은 그때까지도 누워 있었다. 못마땅한 시선으로 힐끗 한 번 쳐다보고, 나는 책을 읽기 시작했다. 핵심 주제는 '범사에 감사하라'였고, 감사가 가져온 변화에 대한 간증이었다. 그런데 책을 읽어가는 중에 체한 것 같던 고통이 펑 뚫렸다. 기도도 터졌다.

그제야 40일 철야 동안 먹통 같았던 이유가 '범사에 감사하는 은혜나 받아보자'라는 기도 제목에 응답해 주시려는 준비였다는 생각이 들었다. 사실 나는 그동안 '하나님의 응답'이라는 것을 전혀 몰랐는데, 이번 일로 하나님의 응답을 확실하게 체험했다. 이 응답이 40일 금식기도로부터 시작되었다는 것은 후에 깨달았다.

그 후 원망과 불평과 암흑의 생활에서 빛의 감사 생활로 삶이 바꿰었다. 동시에 원수 사단이 이 보물을 훔치려 한다는 걸 알아챘다. 깨달음과 동시에 이 감사 생활을 지키려고 어금니를 깨물고 두 눈을 부릅뜬 채 문제에 부딪칠 때마다 "감사합니다"를 외쳤다. 그랬더니 막내가 "엄마, 왜 그래. 또 무슨 일이 생겼어?"라고 했다. 그때부터는 어쩌다 부정적인 말을 하면 마치 맑은 물에 잉크 방울이 떨어져 퍼지는 것 같은 느낌이 들었다. 입에서 감사가 터지니 기도가 막히지 않았다. 감사는 감사한 느낌이 들어서 하는 것이 아니라, 의지의 결단이요 말씀에의 순종이었다.

기도 가운데서 하나님의 창조 질서를 깨닫게 되었다. 10년 동안 싸움의 원인이었던 옳고 그름보다 질서가 우선임을, 목사의 권위는 인격보다 우선해야 하고 그 권위에 순종해야 한다는 것도 깨달았다. 그렇지만 무엇을 어떻게 순종해야 하는지 알 수가 없었다. 처녀 때부터 부흥회에 참석하면 순종하라는 말을 들었는데, 그때부터 지금까지 풀리지 않던 의문이기도 했다. 그래서 고백했다.

"하나님, 순종하고 싶지만 무엇을 순종해야 하는지 알아야 하지요, 알려주시고요. 또 순종할 수 있는 은혜도 주시고, 순종할 힘도 주세요."

하나님은 이 고백 위에 기름을 부으셨다. 분명히 내 입에서 방언이 나가는데 그 방언은 하늘에서 떨어지는 것 같았다. 마치 번개가 치면 벼락 줄기가 새끼줄처럼 내려오는 것과 같았다. 너무나 황홀했다. 지금도 그때와 같은 방언 기도를 다시 경험해 보고 싶지만 그

때 한 번뿐이었다. 그 사건이 성령 세례라는 것도 몰랐다. 그렇게 임하셨던 성령께서 남편이 산에 올라갔을 때 전면에 나서서 선장이 되어주셨음을 지금에야 알게 되었다.

40일 금식기도의 열매

40일 금식은 사망의 그늘에 얽매어 영원한 사망으로 떨어지게 하려는 흑암의 권세에서 벗어나게 해주었다. 삶의 방향이 바뀌면서 예수 안에서 새롭게 태어나게 하시고, 새 생명을 주시는 그 주님을 따르는 데 쏟게 했다.

첫 번째 고백은 아이들이 어렸을 때다. 기도하려고 산에 도착하여 미처 앉기도 전에 내 입에서 불쑥 한마디가 튀어나왔다.

"예수님을 따라가다 죽어도 좋습니다."

깜짝 놀라 얼른 손으로 입을 꼭 틀어막았다. 어린아이들을 두고 죽을 수는 없다는 생각 때문이었다. 입을 열면 죽어도 좋다는 고백이 튀어나올 것 같아 조금 앉아 있다가 그 말을 속으로 삼키고 집으로 돌아왔다. 그런데 꼭 급체한 것만 같았다. 고통 때문에 이튿날 그 기도 자리에 가서 다시 소리 내어 입으로 고백하며 토해냈다. 급체가 뻥 뚫렸다.

기도하러 산으로 올라간 남편이 20년 만에 산에서 내려왔다. 그 여파로 성도들이 거의 떠나갔다. 그 상황에서 내가 할 수 있는 일은 없었다. 배가 침몰할 때 선장은 그 배와 함께한다는 말이 생각났다. 그래서 나는 반석호가 침몰할지라도 배에 남은 선장처럼 교회와 함께하겠다고 결심했다. '침몰하는 교회와 함께하겠다'는 또 한 번의 고백이 필요했다. 그리고 아이들 믿음의 진보를 위해서도 생축이 되는 기도를 드려야 했다. 기도는 말이 아니다. 피다.

돌이켜 보니 벼랑 끝에 설 때마다 생명을 내놓는 고백으로 "죽으면 죽으리라"를 토하게 하셨다. 이 고백의 바탕은 40일 금식 때 죽음 앞에 서 보았기 때문임을 깨닫게 되었다. 사단에게 속아 죽고 싶어 했던 목숨을 영원한 생명을 위해 쏟도록 하셨다. 내가 한 것은 아무것도 없었다. 나는 그저 고백만 하면 되었다. 이루시고 성취하시는 분은 하나님이셨다.

예수께서 베드로의 고백 위에 내 교회를 세우겠다고 하신 말씀의 단순함을 이해하는 데 참 오랜 세월이 걸렸다. 기도에 들어가기 전에는 "죽으면 죽으리라"를 외쳤다. 성령으로 부르짖는 기도는 해산하는 것과 같았고, 촛불을 켜면 초가 녹아내리는 것과 같았다. 그러다 보니 해산한 것 같은 통증에 시달려야 했다.

2019년 7월, 마지막 주일 예배를 앞두고 있을 때였다. 예배 중에 성령으로 말씀을 선포하고 난 후 시달릴 통증에 슬며시 겁이 났다. 그런 상태로 강대상에 올라갔는데 성령께서 잠잠하셨다. 가끔은 그럴 때도 있었기에 갸우뚱하면서도 그러려니 했다. 그런데 다음 주일에도 지난주와 같이 기름 부으심이 없었다. 그때서야 나는 지레 통증을 겁냈던 것이 생각나서 다시 털어내고 "죽으면 죽으리라" 고백하고 단에 섰다. 그날 찬양을 부를 때부터 성령의 기름 부으심이 예배자에게까지 함께했다. 사단은 내게 슬그머니 예배 후 겪어야 하는 통증의 두려움을 살짝 상기시켰다. 그때까지 나는 사단의 계략이 우는 사자 같을 거라고만 생각했지 '힘들다'라는 미세한 생각으로 틈을 노릴 줄은 몰랐다. 가룟 유다에게 예수를 팔려는 생각을 먼저 집어넣고, 그 생각을 따라 들어가는 사단의 수법에 나도 생명을 잃을 뻔했다. 예배 인도는 피로써 예수의 피를 뿌려야 했다. 피는 피로써 전해야 했다.

성령 하나님께서 홍수를 타고 오셨다

1975년생인 큰아들이 5학년 때였다. 남편은 갑자기 교회와 가정을 떠났다.

"나라와 민족을 위해 기도도 하고 권능도 받아야 하니 산에서 내려오지 않고 기도에 힘써야겠어. 나와 복음을 위하여 집이나 형제나 자식이나 전토를 버린 자는 100배나 받으리라고 말씀하신 예수님을 믿고 올라간다."

교회를 섬기며 예배를 인도하던 담임목사가 떠났다. 하지만 나와 성도들은 곧 내려올 거라고 생각했다. 그러면서 예배는 전도사인 시누이가 인도했다. 남편은 신학대학을 졸업하고 곧바로 교회를 개척했다. 겨우 방 한 칸이 있는 10평 규모의 상가에서 가족끼리 예배를 드리기 시작했다. 친정어머니는 200만 원의 건축헌금을 해주셨다. 1970년대 풍납동의 땅 한 평이 약 2만 원을 했으니 땅 100평을 구입할 수 있는 액수였다. 그런데 남편은 그 돈으로 땅을 사지 않겠다고 했다.

"꿈에 손이 나타나서 '엘리야같이 될지어다' 하고 안수를 해주었기 때문에 사명이 크다. 땅 100평을 사들이는 것에 안주하지 않겠다."

대신에 가장 큰 강대상을 샀다. 10평 홀에 들여놓으니 공간이 꽉 찼다. 나는 그저 지켜볼 수밖에 없었다. 우여곡절을 겪으면서도 교회는 부흥이 되어 상가 2층의 35평 넓이로 이전을 했다. 성도는 40여 명까지 부흥이 되었다. 하지만 꼭 모래알처럼 느껴졌다. 그 숫자에서 다섯 가정이 나가면 즉시 다섯 가정이, 세 가정이 나가면 그다음 주일에 세 가정이 등록했다. 한 사람이 나가면 즉시 한 사람이 충원됐기에 이러한 상태라면 금방 부흥이 될 수 있겠다는 희망이 생겼다. 믿음도 조금씩 성장하는 것을 알 수 있었다.

그런데 믿음이 성장할수록 교회 상황은 오히려 나빠졌다. 어느 순간 성도들이 떠나면 더 이상 새로운 성도가 들어오지 않았다. 급기야 보증금 200만 원에 월 4만 원인 살림방에서 예배를 드리는 상황까지 되었다. 살림방은 지하 연탄창고였던 자리였다. 그 상황에서 목사까지 산으로 올라가니 성도들도 떠났다. 우리 가족을 포함하여 12명이 남았다. 그마저도 흔들렸다. 목사 대신 예배를 인도하던 시누이마저 더 이상 못하겠다고 했다. 그때 시어머니께서 한 말씀 건네셨다.

"네가 해라!"

나는 당황스러웠다. 나는 중졸 학력에 신앙생활도 초보자 수준이고, 더더욱 신학 과정도 이수하지 않은 상태가 아닌가. 선뜻 나설 수가 없었다. 그럼에도 대안이 없었기에 단에 서야 했다. 마치 폭풍우 앞에서 언제 침몰할지 모르는 배를 붙들고 성난 파도에 던져진 것만 같았다. 절박하고 두려웠다.

그런데 그 상황에서 조타수를 붙들고 계신 분이 있었다. 바로 성령 하나님이셨다. 나는 방언기도를 했지만 성령 하나님에 대한 개념이 분명히 서 있지 않았다. 부흥회에서 인도하시는 목사가 "성령 충만 받아라"라고 외치면 나도 받고 싶었다. 하지만 어떻게 받는지 몰라서 속으로만 푸념했다.

'아니, 받기 싫은 사람이 어디 있어. 받아져야 말이지. 받으라고만 하지 말고 받게 해주면 좋겠네.'

이러한 수준이기에 "성령님, 와 주세요. 성령 하나님이 인도해 주셔요"라는 기도조차 할 줄 몰랐다. 하늘에서 방언이 번개처럼 내려왔을 때 성령께서 세례를 베푸셨고 함께하셨지만 난 그것조차 무엇인지도 몰랐다. 목사가 산에 올라가고 거센 풍랑을 만나 침몰할 지경에 처하자 성령께서 조타기를 잡고 인도자가 되어 주셨다.

그런 성령께서 오셨지만 폭풍우는 잔잔해지지 않았다. 성령께서 품으시고 폭풍우의 파도를 타는 희열을 맛보게 하셨다. 그 배의 방향은 거친 풍랑으로의 항해였다.

> "아무든지 나를 따라오려거든 자기를 부인하고 자기 십자가를 지고 나를 좇을 것이라(마 16:24)"

사모의 신분으로 강단에 서다

어쩔 수 없이 강단에 섰지만, 나는 오매불망 남편인 목사가 내려오기만을 기다렸다.

'그때까지만 한시적으로 예배를 인도하며 설교하면 되겠지.'

하지만 남편은 깜깜무소식이었다. 교회 조직을 설교만으로 이끌 수는 없었다. 한정된 인력으로 교회 조직을 구성하고 인도해야 하는 일 또한 벽이었다. 나는 중학교 때 반장으로 선출된 적이 있었다. 학교 다니는 것은 즐겁지만 반장을 맡기는 싫어 선생님께 반장을 하지 않겠다고 했었다. 또 직장을 다닐 땐 조장으로 발탁되기도 했었다. 근무는 내 일만 열심히 하면 되지만, 조장은 조직을 이끌어야 해서 큰일은 아니었으나 버거웠다. 이러한 성격을 가진 내가 교회를 이끄니 어려움이 많았다.

그런데 교회는 내가 인도자가 아니었다. 성령께서 인도하고 계셨다. 나는 리더이신 성령께서 인도하는 대로 따라가기만 하면 되었다. 핵심은 성령 하나님의 인도하심을 바르게 이해하며 따라가는 일이었다. 이렇게 생각하니 오히려 내 적성에 맞는 듯 싶었다. 하지만 여러 가지 부담 중에서 으뜸은 설교였다. 최종 학력이 중졸인데다 성경과 신학 모두 준비가 전무한 상태였다. 중졸이어도 일반적인 삶이면 그런대로 묻혀 살 수 있는데, 왜 사모가 되고 또 설교까지 해서 내 무지를 드러내는 삶을 살아야 하나 싶어 절망이 되었다. 게다가 나는 언변도 어눌하고, 하고 싶은 말도 제대로 못 하는 편이었다.

어린 날 살던 시골집은 대나무 밭이 울타리였다. 혼자서 집을 지키는데 낯선 아저씨가 대나무를 베어서 우리 집 마당으로 버젓이 걸어 나가고 있었다. 화가 나서 "아저씨, 왜 우리 대나무를 훔쳐가요" 하고 소리쳐야 하는데, 내 입에서는 단말마 같은 소리만 나왔다.

"왜, 왜, 왜, 저, 저…."

초등학교 시절 별명이 '벙어리 총무부장 뜸부기'였다. 4학년 때부터 총무부장으로 선출되었다. 회의록을 기록하고 실천 사항을 발표해야 하는데, 6학년 때까지 한 번도 안건을 발표한 적이 없어서 얻은 별명이었다. 그에 반해 사촌 언니는 말솜씨가 매우 좋았다.

"하나님, 왜 나인가요? 사촌 언니라면 잘 해냈을 텐데요. 나에게 설교라니요.”

　아무리 항변해도 하나님께서는 답이 없으셨다. 주일 예배를 마치고 나면 월요일 오전까지는 좀 가벼웠다. 하지만 월요일 저녁부터는 설교에 대한 짐이 나를 누르기 시작했다. 토요일이 되면 금방이라도 기절할 것만 같았다. 설교라는 큰 짐을 지고 보니 일상의 웬만한 스트레스는 와 닿지도 않았다.

　사모의 신분으로 10년을 목회하는 동안, 주일 설교의 대 주제는 “범사에 감사하라”였다. 그 외의 예배는 성경 읽기로 대신했다. 하나님께서는 나의 유식을 원하신 것이 아니라 그대로 성경을 읽게 하시는 것이 아닌가 하는 생각이 들었다. 성령께서는 나를 안고 인생이라는 바다에서 휘몰아치는 폭풍의 파도를 타고 다니셨다. 나는 설교 준비라는 고통 중에서도 파도타기의 짜릿함과 상쾌함을 맛보았다.

　하나님은 사랑이시고 전지전능하시다. 그럼에도 해주실 수 없는 것이 있다. 가령 신생아에게는 부모가 모든 것을 대신해 주지만 젖이나 우유를 대신 먹을 수는 없다. 갓난아기라도 혼신의 힘을 다해 진땀을 흘려가면서 젖을 먹어야 한다. 영원한 생명 양식을 먹는 것과 예수님의 멍에를 메고 배우는 고난은 우리, 사람의 몫이다. 노아의 방주와 광야의 성막, 솔로몬의 성전, 산돌 같이 신령한 집으로 짓는 것도 사람이 해야 할 일이다.

너희에게 평강이 있을지어다

성령께서 오셨지만 홍수가 멈추고 파도가 잔잔해지지는 않았다. 그분은 그보다 더 근원적으로 내게 파도 타는 법을 가르쳐 주시려고 오신 것이었다. 파도를 타는 보드는 곧 성령에 의한 기도였다.

가정집 지하방에서 예배를 드렸지만 주변이 너무 피해를 줄까 봐 부르짖는 기도는 부담스러웠다. 할 수 없이 삼각산으로 갈 수밖에 없었다. 산에서 "주여, 주여!"를 두 시간 정도 부르짖으면 폭풍우 가운데서도 마음이 편안해지고 기쁨이 넘쳤다. 매일 거두는 만나처럼 하루분의 평안과 기쁨이 생겼다. 이튿날도 기도 시간이 가까워지면 마음에 풍랑이 일기 시작했다. 산으로 뛰어갈 수밖에 없는 시간의 연속이었다.

사모가 예배를 인도하는 상황이 되자, 그나마 남아 있던 성도들의 마음은 굳게 닫혀 버렸다. 마치 얼음 동산처럼 냉랭했다. 교회는 언제 산산조각 날지 모르는 풍전등화 그 자체였다. 그렇다고 내가 무슨 능력이 있어 흔들리고 뛰노는 수레를 붙잡을 수 있었겠는가. 기도 외에 할 수 있는 일이 없었다. 당연히 경제 사정도 바닥을 쳤다. 어느 주일 예배 때 드려진 헌금은 모두 8,000원이었다. 공교롭게도 그날 막내가 떼를 썼다.

"엄마, 통닭 먹고 싶어요."

8,000원은 딱 통닭 한 마리 값이었다. 중학생인 큰아이한테 "네

동생이 통닭이 먹고 싶다고 떼를 쓴다"라고 말했다.

"엄마 사주세요. 우리가 언제 돈 갖고 살았어요. 믿음으로 살았지요."

그 말을 듣자 용기가 났다.

"그래 맞다. 믿음으로 살았지."

통닭을 사주었다. 아이들이 성인이 되기까지 가족이 함께 중국집에 가본 적이 없다. 가장 고통스럽고 우려되는 것은 따로 있었다. 목사가 주일 예배를 인도하지 않는 것은 잘못되었다며 이단 시비를 거는 주변의 반응이었다. 그럴 때마다 그저 "주여, 주여!"를 두 시간 정도 부르짖고 나면 마음이 평안해졌다.

그런데 어느 날 이러한 상황에서 마음이 불안할 법도 한데, 이 평안이 정말 하나님이 주신 평안인지 아니면 괴롭지 않기 위해 내 스스로 최면을 건 것인지 의구심이 들었다. 그러자 갑자기 마음이 불안해지며 심히 고통스러워졌다. 밤새 고통을 당하다가 이튿날 산으로 달려갔다. "주여. 주여!"를 부르며 기도해도 여전히 불안한 마음이 가시지 않았다. 그래서 기도를 멈춘 채 '휴우' 하고 한숨을 지으며 가만히 앉아 있었다. 그런데 내 마음에 마치 회전문이라도 있는 것 같았다. 그 회전문에 손잡이가 달려 있었는지 '딸깍' 하는 소리와 함께 나는 평화 속으로 들어갔다. 그제야 확신이 들었다.

'아, 마음의 평안은 스스로 가질 수 있는 것이 아니구나. 하나님

과 예수 그리스도로부터 온 것이구나.'

성령께서 인도해 주시고 마음에 평안도 주셨지만 환경의 파도는 여전히 휘몰아쳤다. 우리가 처한 환경은 나 자신조차도 이해되지 않았다. 성령께서 인도하심은 맞지만, 사단의 역사처럼 보이기도 하여 번민했다. 잘못된다면 그야말로 큰일이요. 멸망이었다. 성경을 읽어가는 중에 "예수께서 성령에게 이끌리어 마귀에게 시험을 받으러 광야로 가셨다(마 4:1)"라는 말씀이 확 들어왔다. '어 예수께서도 성령에게 이끌려 마귀에게 시험을 받으셨네. 한 가지 사건에서도 성령께서는 이끄시고 시험은 마귀가 하는구나' 하는 깨달음과 함께 우리가 겪는 상황이 조금씩 이해되기 시작했다.

다윗도 이런 상황이었다는 걸 알게 되었다. 다윗의 인구조사가 문제였다. "여호와께서 다시 이스라엘을 향하여 진노하사 저희를 치려고 다윗을 감동시키셔서, 가서 이스라엘과 유다의 인구조사를 하라 하신지라(삼하 24:1)" 하지만, "사단이 일어나 이스라엘을 대적하고 다윗을 격동하여 이스라엘을 계수하게 하니라(대상 21:1)"로 되어 있다. 욥 또한 하나님의 허락 아래 사단이 시험을 했다. 그제야 하나님의 허락 없이는 사단도 결코 역사할 수 없다는 것을 깨달았다. 그 후부터는 내가 겪는 문제를 말씀으로 정립했고, 믿음으로 견디어 냈다. 그뿐만 아니라 신앙 이성의 폭도 넓어졌다.

범사에 감사함으로 살아내다

　성난 파도에 부서져 내릴 것처럼 요동치던 교회를 성령께서 인도하시니, 오히려 홍수처럼 불어난 물이 암초들을 덮어 버렸다. 홍수의 범람은 더 이상 위협이 되지 않았다. 오히려 암초들과 부딪히지 않게 하는 은혜의 수단이 되었다. 풍전등화 같던 교회도 안정되어 갔다. 지독한 궁핍에서도 차츰 벗어났다.

　남편이 목회할 때였다. 큰아이가 초등학교에 입학하기도 전에 아이들을 중학교는 보낼 수 있을까 염려했는데, 중·고등학교에도 보내고 있었다. 그러던 어느 날 산에서 기도하고 내려와 버스에 탔다. 버스에 앉아 잠깐 졸았는데, 그야말로 비몽사몽간에 밥사발이 국 대접 안으로 딸깍 소리를 내며 들어갔다. 밥사발은 '나'이고, 국 대접이 '남편'이라고 깨달아졌다. 남편은 산으로 올라가 함께하지는 못했지만, 이후 남편과 나 사이에 평행선처럼 느껴졌던 그 괴로운 느낌이 사라졌다. 결국 이런 종류의 느낌은 함께 있느냐의 문제가 아니라, 그 안에 거하지 못한 내 문제였음을 알게 되었다. 어느 날 요란하게 전화벨이 울렸다.

　"여보세요?"

　둘째 시누이였다.

　"전도사 님, 봉현이가 강물에 떠내려갔는데, 찾을 수가 없대요."

　봉현이는 시누이 남편(전처)의 소생이다. 그 아들이 제대하고 남한강에서 모래 채취하는 일을 했다. 공교롭게도 태풍이 불어 중부지방에 홍수가 났는데 그만 그 홍수에 휩쓸렸다며 울부짖었다. 시신이라도 찾으려고 15일을 헤맸으나 끝내 시신을 찾지 못했다.

이 일을 겪으면서 가족과 친지를 잃는 것이 큰 아픔이지만, 장례를 치르는 것은 그나마도 위로가 된다는 것을 알게 되었다. 시신을 수습하여 장례를 치르지 못하니, 시간이 가도 잊히지 않았다. 어디엔가 살아 있는 것 같은 그 난감함과 비참함은 이루 말할 수 없었다. 장례를 치러서 가슴에 묻기라도 하면 어느 정도 마무리가 되는데, 허공에 흩어진 것 같으니 끝나지 않는 고통이었다. 곁에서 보는 내가 이러한데, 그 부모 마음은 오죽했을까. 그 참담함은 감히 헤아릴 수조차 없었다. 그랬기에 세월호 참사 때 가족과 자녀를 찾지 못한 사람들이 왜 팽목항을 떠날 수 없었는지 조금은 이해가 되었다.

그렇게 아들을 잃은 부모에게 나는 해줄 말이 이것밖에 없었다.

"집사님, 우리 감사합시다."

고개를 끄덕였다. 그러나 난 가끔 그때 그 상황에서 "감사합시다"라고 한 것이 과연 잘한 일인지 곱씹어 생각할 때가 있다. 예수님이 "우는 자들과 함께 울고 웃는 자들과 함께 웃으라"라고 하신 말씀 때문이다. 그런데 이 간증을 쓰면서 그때 만약 감사가 없었다면 열 정탐꾼의 보고를 듣고 "여호와가 우리를 그 땅으로 인도하여 망하게 하고 사로잡히게 하리니 애굽으로 돌아가는 것이 낫지 아니하냐" 하며 밤새 울었던 이스라엘 백성들처럼 했을 거라는 아찔

한 생각이 들었다.

　그때 우리가 우리의 이성이 아닌 성령의 도움으로 감사는 했지만, 사실 우리 안에는 원망과 불평의 용암이 가득했다. 그래서 계속 함께 울기만 했다가는 이 용암이 분출되어 뒤덮일 수도 있는 상태였다. 그 일을 통해 왜 하나님께서는 범사에 감사하라고 하셨는지 그 깊이를 좀 더 알 수 있게 되었다. 함께 울고 웃으려면 우선 성숙함이 있어야 했다.

　우리가 삶에 감사했다고 크게 나아진 것은 없었다. 특별한 기적도 없었고 두드러지게 한 일도 없었다. 일상은 감사하기 전과 후가 똑같았다. 그런데 깊은 우울증이 싹 날아가고, '아, 올 한해를 잘 살았구나!' 하는 뿌듯함이 가슴에 가득 퍼졌다. 범사에 감사함이 가져다준 최고의 열매다.

　예수께서는 제자들에게 "아무든지 나를 따라오려거든 자기를 부인하고 자기 십자가를 지고 나를 좇을 것이니라(마 16:24)"라고 말씀하셨다. 범사에 감사하는 것이 곧 자기 부인의 열쇠였다. 감사함이 없이는 자기 십자가를 질 수 없다. 범사에 감사하라는 말씀을 삶 속에서 온몸으로 순종했더니 그 범사 속에서 주의 영광을 보는 은혜를 누렸다.

순종의 여정

항상 기뻐하라 쉬지 말고 기도하라
범사에 감사하라(살전5:16~18)

옳고 그름이 아닌 창조의 질서

1970~80년대는 부흥회 열풍이 불었다. 나는 부흥회에 참석하여 은혜도 받았지만 숙제를 안고 돌아왔다. 강사 목사께서는 성령 충만을 받고 순종하라며 권고했다. 하지만 어떻게 하는 것이 순종인지 알 수 없었다. 있는 재산을 다 팔아 바치는 것이 순종일까, 아니면 아프리카 같은 곳으로 선교라도 가는 것일까, 답답했다. 꼭 처음 애를 낳을 때 힘만 주라던 시어머니의 권면과 흡사했다. 무엇을 어떻게 하라는 건지는 제시해 주지 않았다.

예수님을 영접한 지 2년 만에 신학생이던 남편을 만나 결혼했다. 결혼도 처음 겪는 낯선 상황인데, 교회를 개척하여 사모가 되었다. 처음에는 부흥이 되었다. 그러나 40여 명을 정점으로 곤두박질 쳤다. 나에게는 믿음과 환경이 늘 반비례했다. 순종하고 싶은데 어찌할 바를 모르니 순종하게 해달라고 기도만 했다.

결혼 후 남편은 '어디서 여자가 눈을 똑바로 뜨고 대드느냐'며 시비를 걸었다. 어이가 없었던 나는 옳고 그름에 남자 여자가 필요하냐며 맞받아쳤다. 결혼 전에는 싸움 한번을 한 적이 없었는데, 결혼해서는 정말 격렬하게 다투었다. 그러면서 마음이 피폐해졌다. 그때 하나님은 성경 말씀으로 해답을 주셨다. 남자가 여자에게서 난 것이 아니요, 여자가 남자에게서 났으며, 여자가 남자를 위해 지음을 받았다는 말씀이었다(고전 11:9). 남편과의 관계는 옳고 그름의 문제보다 창조 질서의 문제가 우선이었음을 깨닫게 되었다.

초등학교 4학년 겨울에 입원하신 아버지는 내가 5학년이 되고 봄이 왔어도 병원에 계셨다. 농사는 할머니와 다섯 살 위 언니 몫이 되었다. 밥 짓는 일은 5학년인 내 몫이었다. 나는 보리쌀을 동네 공동 우물로 가지고 가서 씻어왔다. 까만 무쇠솥에 보리쌀을 안치고 아궁이에 땔감을 넣어 불을 지펴 밥을 지었다. 쌀밥을 지을 때 끓으면 불을 끄고 아궁이 밑에 있는 잔불로 뜸을 들이면 되었지만, 보리밥은 삶고, 끓이고, 뜸을 들였다. 3번째 단계에서 고구마 순, 비름나물, 호박잎 등을 학교에서 배운 대로 일곱 번 씻어 밥 위에다 얹어놓으면 쪄졌다. 그럼 다시 양념을 넣어 나물로 무쳤다.

할머니는 내가 상을 차려내면 좋아하셨다. 언니가 밥을 하면 된장에 물만 부어 밥에다 쪄낸 반찬 한 가지뿐인데, 나는 여러 나물 반찬을 해놓았기 때문이다. 나는 가끔 밥을 할 때면 '오늘은 국도 좀 끓여야지' 하는 맘을 먹고 식사를 준비했다. 그때쯤 되면 할머니는 부엌을 들여다보면서 한 말씀 하셨다.

"현숙아! 국도 좀 끓여라."

그러면 나는 절대로 국을 끓이지 않았다. 중학교 때는 당번일지를 써서 교무실로 가져가야 했다. 나는 담임선생님께 일지를 내밀며 말했다.

"도장 찍어 주세요."

그럼 선생님도 나를 고치시려고 꼭 한마디 덧붙이셨다.

"그럴 땐 '결재해 주세요'라고 해야지."

"그냥 찍어 주세요."

"안 돼."

나는 두 말도 안 하고 획 돌아서서 나왔다. 그리곤 짝꿍에게 갔다.

"얘, 네가 가서 '결재해 주셔요'라고 해."

나는 이렇게 고분고분하거나 순종적인 것과는 거리가 멀었다. 그러니 남편과 부딪치는 것은 불을 보듯 뻔했다. 그런 내가 그리스도의 은혜로 중생한 뒤에 돌잡이처럼 잡은 말씀은 '하나님은 의로우신 재판장이시다'였다. 나보다 나를 더 잘 아시는 하나님께서는 순종의 터널을 준비하셨던 셈이다.

사람은 하나님의 형상대로 지음받았다

남편과 부딪쳐 소리가 날 때마다 나는 화가 났다. 그 인격에 실망했다.

"정말 하나에서 열까지 마음에 드는 구석이 하나도 없어."

그런데 어느 날 '그래, 남편에게서 마음에 드는 부분을 손톱만큼도 찾을 수는 없지만, 사람을 하나님의 형상대로 지으셨으니까, 남편에게도 하나님의 형상이 있음을 믿자'고 생각이 바뀌었다.

그랬더니 내 시선이 구름을 뚫고 하늘이 바라보였다.

사모가 되고 보니 사람 때문에 받는 스트레스가 심했다. 때로는 사람을 상대하기가 싫을 정도였다. 이 사람은 이 점이 마음에 안 들고, 저 사람은 저 점이 싫었다. 성도 한 사람 한 사람을 떠올리면서 저울질을 해보았다. 모두 함량 미달이다. 교회에 남아 있을 만한 사람은 제로였다. 그때 '그럼 나는 어떨까' 하는 생각이 들었다. 나도 아닐 것 같았다. 꺼내 놓았던 사람들을 다시 담을 수밖에 없었다.

새벽에 산에서 기도하는 중이었다. 아무래도 뒤가 좀 이상했다. 하던 기도를 멈추고 뒤를 보았다. 한 남자가 뒤에 서 있다가 내게 "지금 어깨들이 산으로 올라갔어요. 나는 어깨들의 세계를 알고 있어. 내가 지켜 줄 테니 기도해요"라는 것이었다.

"그래요, 사람을 알고 있어요. 사람은 하나님의 형상대로 지음을 받았습니다. 어깨들에게도 하나님의 형상이 있는 줄 알고 있어요.

두렵지 않으니 지켜주지 않아도 됩니다."

그러자 그가 내 앞에 앉더니 자신이 처한 상황을 말하기 시작했다.

"기도 시간을 빼앗아도 괜찮습니까?"

"기도를 위한 기도를 하는 것이 아닙니다. 한 영혼은 천하보다 귀한 존재인데, 당연히 괜찮지요."

그와 헤어질 때 "천하보다 귀한 영혼을 구했습니다"하고 말해주었다.

또 한 번은 산에서 철야기도를 하던 중에 생긴 일이다. 일행과 조금 떨어져 기도하고 있는데, 술 취한 젊은 청년이 다가왔다. 내 무릎을 잡더니 잠자리 한 번 같이 해 달라고 했다. 난 조금도 두렵거나 그 청년이 이상하게 생각되지 않았다. 평안한 마음으로 그에게 권고했다.

"저 밑에 연예인 교회가 있으니 그 교회에 다니세요."

그는 바로 내려갔다. 그도 하나님의 형상대로 지음을 받았다는 말씀 때문에 어두움을 몰아냈다.

세 번째 순종은 말씀대로 살아내는 것이다. "항상 기뻐하라 쉬지 말고 기도하라 범사에 감사하라 이는 그리스도 예수 안에서 너희를 향하신 하나님의 뜻이니라(살전 5:16~18)"라는 말씀을 붙잡았다. 나는 순종이라는 말을 생각할 때 어떤 일을 하는 것으로만 알고 있었다. 그런데 순종은 일이 아니라 한 가지라도 그 말씀대로 삶의 자리에서 실천하는 것이었다. 내가 순종했다기보다는 감사의 능력으로 삶을 정복하도록 하나님이 나를 도우셨다. 지금 생각하면 우울증을 앓던 내게 꼭 맞는 처방이었다.

일억 원의 항공료를 지불하다

남편과 함께 열심히 뛰어 도착한 곳이 하늘나라 회의 장소였다. 그곳에 도착하자 남편은 자기 품에서 도시락이 바닥에 떨어지는 것도 모르고 거수경례를 하며 외쳤다.

"나는 모르겠습니다. 무조건 믿고 뛰겠습니다."

한쪽에서 회의를 하더니 남편을 통과시켜 주었다. 깨어보니 꿈이었다. 꿈을 통해 열심이 특심인 남편의 신앙 신조를 알게 되었다.

1980년대 중반 무렵 남편은 나라와 민족을 위한 기도를 하겠다고 했다. 기도는 늘 하는 일이니 그러려니 했다. 그런데 산에 가서 기도하겠단다. 강화도 마니산, 설악산, 지리산 등 한국 명산의 정상에 가서 철야를 해야겠다는 것이었다. 어디서 기도를 하던지 그건 남편 자유지만, 비용을 지불해야 하니 달갑지 않았다.

남편은 갑자기 한라산에 가겠다고 했다. 그것도 비행기를 타고 매일 왕복을 해야 한다는 것이었다. 왕복 10만 원, 그것도 동역자 것까지 20만 원을 매일 대주어야 했다. 그 정도 돈이 큰 문제가 안 되는 사람도 있겠지만, 우리는 아침에 밥을 한 번 해서 도시락을 싸주고 저녁에는 수제비로 끼니를 해결하고 있을 때였다. 지하 연탄광을 개조한 보증금 200만 원에 월세 4만 원짜리 단칸방에서 예배도 드리고 살림도 살고 있던 때였다. 20만 원은 한 달 생활비가 넘는 돈이었다. 달갑지 않은 것은 물론이고, 도무지 이해가 되지 않았다. 그렇다고 못 하겠다고 하면 폭력도 불사할 사람이었기에 마지못해 시작했다. 당연히 몇 안 되는 성도(어른 12명)들은 이해하지 못했다.

'기도를 꼭 한라산에서 해야 하나? 아니면 한 번 갔을 때 그곳에 머무르면서 해도 되지 않나? 왜 매일 왕복해야 하지?'

우리는 무수한 의문을 가졌지만 매일 20만 원씩 드는 교통비를 감당해 냈다. 신기하게도 그 돈이 1년 6개월 동안 스미어 나왔다. 그 당시 돈으로 거의 1억에 가까운 돈이 한라산행 비행기 삯으로 들어갔다. 나는 하루에 2,000원도 감당할 능력이 안 되는 사람인데, 하나님께선 이 돈이 나를 통로로 하여 흐르도록 사용하셨다. 그때 함께 수고한 성도들에게 항상 감사한다.

남편에 대한 불만은 가부장적인 권위주의로 사람을 짓누른다는 것이었다. 남편과의 세대차가 꼭 소의 멍에처럼 느껴졌다. 그런데 1억 원에 가까운 경비를 조달하면서 그동안 나를 짓눌러왔던 멍에가 벗어지는 체험을 하였다. 억지로나마 십자가 지듯이 한 일인데, 하나님은 눌린 자에게 '해방'이라는 보상을 주셨다. 나를 짓누른 것은 남편의 가부장적인 권위주의 때문이 아니라, 하나님께서 세우신 권위의 멍에였음을 깨달았다. 권위를 들이받는 것이 아니라, 순복함으로 멍에를 짊어지니 저절로 벗겨진 것이다. "수고하고 무거운 짐 진 자들아 다 내게로 오라. 나의 멍에를 메고 내게 배우라. 내 멍에는 쉽고 내 짐은 가벼움이라"(마11:28-30) 하신 주님의 가르침대로, 순종은 그 권위의 멍에로부터 벗어나게 해주었다. 수업료 1억 원을 지불했다.

내가 살아온 20세기 말까지만 해도 가부장적인 권위는 서슬이 퍼랬다. 초대교회 성도들이 부딪친 산은 로마 황제를 필두로 짐승으로 불리던 정치권력이었다. 그 아래서 기독교인들은 순교했고 쫓겨나기도 했다. 하지만 종교의 자유가 주어진 우리나라에서는 위와 같은 위험은 없었다. 그렇지만 나는 결혼으로 그러한 왕을 만났다. 오히려 어떤 권력보다 더 치명적이었다. 남편이면서 목사이니 모든 삶의 영역에서 함께 작용하기 때문이었다.

제주도행 왕복 항공료가 1억 원이었지만, 내가 가진 것을 내놓은 것은 없다. 다만 '하고자' 하였더니 흘러나왔다. 물론 아무것도 하지 않은 것은 아니다. 형편이 여의치 않은 성도들이었으나 그래도 말을 해야 했다. 돈에 관한 말을 꺼내는 일부터가 어려웠다. 내가 해낸 것은 없다. 교회공동체가 감당했다. 그들의 수고로 짓눌려온 권위의 멍에가 벗어졌다. 그 일을 감당해 내는 동안 속사람의 근육도 보디빌더 근육처럼 단단해졌다.

창조의 질서는 순서이지 수직의 구조가 아니었다. 남편 앞에서 나는 돕는 배필로서의 위치로 돌아왔다. 이것은 후에 남편과의 영적 전쟁에서 가장 중요한 전신갑주가 되었다. 순종은 억압이 아니라 영혼을 자유롭게 했다. 권위 앞에서 바르고 공손한 태도로 말할 수 있는 능력은 생명의 언로를 여는 데 있어 필수 영양분이었다.

자기를 죽이려는 사울 왕을, 기름부음을 입은 자의 권위를 존중해 함부로 하지 않은 다윗을 좋아한다. 사울 왕을 굴복시킨 그 변증은 너무 통쾌하다. 다윗은 사울 왕으로부터 왕위 계승의 정통성을 인정받았다.

순종의 역청을 방주에 칠하다

2019년 여름과 함께 장마철이 다가오고 있었다. 옥상에 방수작업을 한 지가 10여 년이 지났다. 다시 방수를 해야 할 것 같았지만, 경제적인 부담도 되고 농사짓는 화분들 때문에 망설여졌다. 살펴보니 부분적으로 때우면 1년 정도는 더 버틸 수 있어 보였다. 실리콘형 방수제를 사서 임시방편으로 처치를 했다. 장마가 오기 전에 마치려고 이리저리 화분을 옮겨 놓으며 서둘러 진행했다. 그렇게 대충 해놓고 마감하려는 차에 돋보기를 쓰고 다시 옥상을 보게 되었다.

옥상이 그런대로 견딜만한 줄 착각했던 것은, 내 눈이 어두워진 것을 염두에 두지 않아 생긴 착오였다. 돋보기로 본 옥상은 심각했다. 하지만 이미 실리콘 구입에 돈을 꽤 지불했고, 점주들에게도 돈을 받은 상태였다. 별수 없이 올해는 실리콘 방수제로 버티다가 조만간 방수를 다시 해야겠다고 생각했다. 옥상에서 농사를 짓는 중이기에 가을까지는 책임을 져야 했다. 5월에 시작한 방수작업을 9월까지 씨름하고 있었다.

방수가 어려운 것은 물 샐 틈이 없이 해야 하기 때문이다. 물은 아주 조그만 틈새만 있어도 공략한다. 차단은 100%여야만 했다. 노아의 방주가 생각났다. 홍수 가운데 띄워야 하는 배이기에 물샐 틈이 1%만 있어도 120년의 수고가 물거품이 되지 않겠는가? 방주 전문가도 아닌 노아에게 하나님께서는 식양을 알려주셨고, 그 위에 역청을 꼼꼼히 발라 물 샐 틈이 없도록 하셨다.

하나님의 성전인 우리도 방주를 짓는 사람들이다. 어쩌면 옥상을 물 샐 틈 없이 방수하기는 쉽다. 아예 옥상 전체에 방수액을 도포하면 된다, 돈이 들어가서 그렇지 3~4개월이나 씨름할 필요가 없다.

그런데 '물 샐 틈 없이'라는 말이 자꾸 되뇌어졌다. 그러면서 하나님의 성전인 사람이 물 샐 틈이 없도록 도포해야 하는 것이 무엇일까 생각했다.

'아하, 순종이구나. 권위에 대한 순종이 바로 옥상 전체를 커버하는 방수공사와 같은 원리였구나.'

권위는 하나님이 세우신 것이다(롬 13:1~5). 그리고 그 권위에 사람이 않는다. 그 권위자는 다 낡은 옥상처럼 보였다. 물샐 틈이 너무나 많았다. 아예 망가진 것도 있었다. 방수를 끝내려는데 괜찮아 보였던 부분을 밟아보니 물이 찔꺽찔꺽 나왔다. 뜯어보니 시멘트는 부서져 있고 스며든 물이 솟아 나오고 있었다. 남편은 균열이 생긴 옥상처럼 인격에 결함이 많았다. 그런 남편에게 순종의 방수액을 30년간을 바르고 또 발랐다. 눈에 보이는 것은 남편이었는데, 결과적으로 내 방주에 역청을 바른 셈이 되었다.

하나님은 다윗을 예선(삼상 16:1)하여 사울이라는 사람 막대기와 인생 채찍 아래로 지나게 하여(삼하 7:14) 여호와를 의지하며 모든 전쟁을 승리로 이끌었다. 왕은 백성을 지켜내는 전쟁에서 승리가 실력이다. 예수께[서 사탄을 깨드리셨다.

"그가 아들이시라도 받으신 고난으로 순종함을 배워서 온전하게 되었은즉 자기를 순종하는 모든 자에게 영원한 구원의 근원이 되시고 하나님께 멜기세덱의 반차를 좇은 대제사장이라 칭하심을 받았느니라(히 5:8~10)"

순종은 평생을 배워도 부족한 분야다.

그리스도의 남은 고난을 내 육체에 채우노라

남편의 제주도행 항공료 20만 원씩을 일 년 육 개월까지 감당하고 나니 우리 교회 믿음의 분량만큼은 채워진 것 같았다. 그래서 남편에게 말했다.

"더 이상은 항공료를 지원할 수 없어요."

그 후에 1,700만 원으로 방을 넓혔는데, 남편은 그 돈으로 항공료를 더 줄 수도 있었는데 주지 않았다며 교회 담임목사직을 사임하고 아예 산으로 들어갔다. 그 무렵 나는 배와 무릎 관절에 힘이 쏙 빠져나갔다. 30도 경사진 곳 2미터를 간신히 올라갔다. 건강에 무슨 이상이 생겼나 잠시 생각했다. 동시에 이젠 전도사가 되어야 하지 않을까 하는 생각이 고개를 쑥 내밀었다. 그때까지 나는 신학대학도 이수하지 못했었다. 더구나 교단에 가입한 상태도 아니어서 어떻게 해야 전도사가 되는지도 몰랐다. 더 근본적인 문제는 전도사가 되기 싫었다. 그런데 남편이 목사직을 사임했으니 다른 방도가 없었다.

왜 전도사가 되는 것이 싫은지 곰곰이 생각해 보았다. 전도사가 된다고 해도 지금 하는 일보다 업무량이 폭증하는 것도 아닌데 왜 싫을까? 내 안을 점검했더니 남편이 사임한다고 했지만 언제든 내려오면 이 설교는 다시 할 일 없을 거라며 도망갈 태세를 하고 있기 때문이었다. 게다가 그 원인이 세상에 대한 미련 때문이라는 걸 깨달았다.

그러던 중 성경의 골로새서를 읽어 내려가고 있었다. "내가 너희를 위하여 받는 괴로움을 기뻐하고 그리스도의 남은 고난을 몸 된 교회를 위하여 내 육체에 채우노라(골 1:24)"라는 말씀을 읽어가는 과정에서 마음이 굴복되었다. 정식 신학 코스도 이수하지 못한 상태였지만, 교회공동체에 나를 전도사로 세워 달라고 요청했다. 교회로부터 임명을 받아 전도사가 되었다. 그러자 무릎에 힘이 빠지던 현상도 사라졌다.

전도사 임명을 받고 나니 놀랍게도 성부 하나님께서 임재하셨다. 그간 임재라는 말은 들었지만 무엇인지는 몰랐다. 임재하심이 눈에 보이거나 소리가 들리는 게 아니기 때문이다. 다만 '거룩하시고, 엄위하시고, 진중함'이 교회를 가득 채웠다. 시편에 다윗과 모세가 성부 하나님을 노래한 그런 임재를 느꼈다.

그 임재하심이 암탉이 병아리를 품어 보호하듯 나와 우리 교회를 품으셨다. 성령 하나님의 충만한 임재는 시원하며 뜨겁기도 하고 기뻤다. 그러면 마음이 덩달아 붕 떠서 실수하여 넘어지기도 하고, 풍선이 터지는 듯도 했다. 성부 하나님의 임재 안에서는 가만히 머물러 있을 뿐이었다. 그 거룩한 기쁨은 성령 충만의 기쁨과는 또 달랐다. 성부 하나님의 임재를 알고 나서 내 마음에 숙제가 생겼다.

'성부 하나님과 성령 하나님의 임재는 체험했는데, 예수 그리스도의 임재는 어떻게 알아야 하지?'

오랜 세월 숙제를 풀지 못한 채로 20년이 흘렀다. 어느 날이 었다.

'아, 예수 그리스도는 느끼는 것이 아니었구나. 말씀이 육신이 되신 예수 그리스도의 몸을 보고 만지고 안겨보았던 제자들처럼, 우리도 보고 만지고 안기는 촉감으로 만나는 것이었네.'

당시 제자들은 말씀이 몸으로 오신 예수님을 직접 만졌지만, 지금은 몸을 이루신 말씀, 즉 성경을 손으로 만지고 눈으로 읽고, 몸으로 체험하여, 영광의 예수님을 만나는 것이다.

여자전도사가 담임이 되다

전도사 임명을 받아 교회의 담임 전도사가 되었다. 사모로 대행할 때는 남편 목사가 그늘이 됐는데, 그 그늘이 사라지니 나무 한 그루 없는 사막을 걷는 것 같았다.

남자 성도들은 여자인 나를 자기들의 지도자로 받아들이기 싫어했다. 여자 성도들도 마찬가지였다. 물론 정면에서 그런 의사를 드러내진 않았지만, 성도들은 눈에 불을 켜고 내 모든 것을 살폈다. 손톱만큼의 실수도 봐주려고 하지 않았다. 하나님께서 내게 업무능력을 갖추라는 사인으로 여겨, 어찌하든지 할 수 있는 대로 전심전력을 다했다.

하나님께서는 요셉을 보디발의 집으로 보내셨다. 보디발이 그의 소유를 모두 요셉의 손에 위임하면서 요셉은 총리로서의 행정 업무를 배우는 계기를 맞았고, 그런 준비 하에 성령 충만한 요셉은 꿈을 해석할 수 있는 능력을 받았다. 모세는 왕궁으로 버려져 애굽의 학술과 지도자로서의 자질을 익혔다. 아무리 하나님의 일이라 해도 신적 능력으로만 하는 것이 아니라, 그 업무에 맞는 실무 능력과 전문성이 필요했다.

종편 방송 '알토란'이라는 음식을 만드는 프로그램을 가끔 시청한다. 뒷좌석에는 영양학 박사들이 앉아 있고, 앞에는 종갓집 맏며느리가 홀로 앉아 음식을 만든다. 그러면 박사는 영양학적으로 분석하여 그 요리를 평가도 하고 맛있게 먹으며 감탄한다. 만약 내가 그 현장에 있다면 내 적성과 취향에는 뒷자리가 맞다. 그러나 하나님은 나를 종갓집 맏며느리처럼 음식을 만드는 자리에 앉히시고, 그에 걸맞은 요리사 실력을 갖추라고 풀무불에 던져 넣으셨다.

요즘 사회는 무차별적인 댓글과 가짜 뉴스가 난무하여 많은 사람이 상처를 주기도 하고 받기도 한다. 조그만 공동체 안에서 나도 그러한 상황에 놓여 있었다. 그러할지라도 하나님의 처방전인 "범사에 감사하라"라는 말씀을 먹으면서 소화해 냈다. 감사로 먹고 소화할 때마다 속사람의 근육이 단단해졌다. 그러자 시간이 지남에 따라 조금씩 담임으로서의 면모가 갖추어졌다.

물론 범사에 감사했다고 해서 광야가 에덴동산처럼 변하는 기적은 없었다. 대신 오늘을 충실히 살아낼 힘이 생겼다. 또 광야라는 거친 사막의 환경을 견디는 능력도 키워졌다. 가끔 목사 안수를 받지 그러고 있느냐는 말을 듣는다. 여자전도사로서 담임의 사역을 감당하다 보면 벽을 만나기 때문이다. 대부분은 예식의 문제다. 그중에서 장례문제와 성찬 문제가 가장 큰 벽이고 어렵다. 이때는 목사님을 초청해서 진행하면 되지만, 직접 내가 하는 것보다는 번거롭다. 그래도 목사직에 대한 소욕은 없다. 전도사가 될 때는 하나님의 권고가 있었지만, 목사직에 대한 것은 말씀하시지 않으셨기 때문이다. 나는 그저 물 긷는 계집종이면 족하다. 물이 포도주로 변하는 것을 목격하는 것만으로도 족하다. 이 땅에 머무르는 동안 씨를 가득 품은 늙은 호박처럼 익어가기를 소망할 뿐이다.

1953년생 99학번

내 나이 마흔아홉에 꿈에도 그리던 대학생이 되었다. 9903032라는 학번으로 한국성서대학교에 입학했다. 남편이 산으로 가고 나 홀로 가정과 교회를 떠맡게 되었을 때, 우주보다 더 큰 짐을 짊어진 것 같이 느껴졌다. 그런데 15년을 기도로 씨름하고 나니 이젠 힘이 남아도는 것처럼 느껴지고, 다른 것도 능히 해낼 수 있을 것만 같다.

중학교를 끝으로 정규 학력을 마쳤을 때, 내 인생은 무너진 거라 단정해 버렸다. 이 회한이 꿈으로도 나타났다. 꿈에서 초등학교 때 함께 공부한 친구들이 보였다. 그 친구들을 붙들고 "애들아, 나는 고등학교에 못 갔다"라며 펑펑 울었다. 깨어보면 베개가 흥건히 젖어 있곤 했다. 이 상처에서 벗어날 수 있었던 것은 '범사에 감사하며 성령의 인도함을 받는 기도'였다. 그러면서도 내심 늘 검정고시 공부를 하고 싶었다. 그마저도 여건이 안 돼 접고 있었다. 이제는 아이들도 장성했고, 남아도는 힘을 공부에 할애해보기로 조심스레 생각을 키웠다. 하나님께서 막지 않으시면 도전해 보고 싶었다. 조용히 공부할 수 있는 곳을 물색했다. 고시학원은 수강료가 필요해서 나와 맞지 않았다. 두루 찾아보니 '열린 문'이라는 야간학교가 있었다. 이 학교는 자원봉사자 선생님들의 재능 기부로 운영되는 무료 교육기관이었다.

그런데 막상 학교에서 공부하다 보니 수강생들이 대개 어른들이라 결석이 잦았고 분위기가 산만했다. 나는 반장으로 뽑혔다. 반장으로서 가장 먼저 강조하고 싶은 것이 있었다.

"첫째, 비록 무료로 공부하지만 출결만큼은 확실히 합시다. 성인들이기에 가정사 문제로 결석은 피할 수 없더라도 그 사유를 꼭 선생님께 말씀드립시다. 두 번째, 선생님들이 우리보다 나이가 아래지만 깍듯이 예우합시다."

그 예우의 실천 사항이라 해봤자 장미꽃 한 송이를 생일에 드리거나 수업 시작 전 음료수 한 병을 교탁에 올려놓는 정도였다. 그 후로 출석률도 좋아졌고 분위기도 일반 학교와 거의 같아졌다. 학업이 끝나갈 무렵엔 선생님들도 더 열정을 쏟으셨고, 학생들도 열강에 귀를 기울였다. 성령 충만한 부흥회와 같았다. 결국엔 검정고시 최고의 합격률을 기록했다. 무료는 귀한 것이지만 선용하지 못하면 별 효과가 없다.

검정고시를 통해 대입 자격을 획득했다. 광나루에 있는 통합교단 장신대로 가면 4년 전액 등록금을 후원하겠다는 제의를 받았다. 그러나 실력도 못 미치고, 공부에만 심혈을 기울이다가는 기도 생활에 문제가 생길 것 같아 고사하고 성서대학 야간을 택했다. 대학에서는 전공필수 과목과 교양과목을 배웠다. 4년 동안 한 번도 결석하지 않았다. 공부를 시작할 때 스스로 약속하기는, 사역에 방해받지 않기 위해 공부는 학교에서만 하는 것으로 결심했다. 평점은 3.7이었다.

그런데 이수 과목 외에 플러스알파가 있었다. 신학대학 특성상 교수님들 가운데는 목사님들이 많았다. 입학과 동시에 교수이자 목사의 권위 아래로 들어간 것이다. 이곳에서도 처음엔 그 권위가 멍에를 메는 것 같은 무게감으로 다가왔다. 남편이면서 목사인 권위의 멍에로 힘들었는데, 학교의 권위는 더 막강했다. 권위를 인정하고 순복하는 자세를 갖추자, 어떠한 권위 앞에서도 위축되지 않는 자유와 담대함으로 대체되었다.

15년쯤 설교를 하고 나니 설교에 대한 부담도 많이 극복되었다. 하지만 역시 누군가를 가르치는 것은 어느 선 이상은 잘할 수 없다는 것을 깨달았다. 배우고 싶어도 교과 과목에는 교수법 강의가 없었다, 4년 동안 교수님들이 가르치는 것을 보았을 뿐이었다. 그런데 졸업하고 나서는 가르치는 장벽도 무너졌다. 또 하나의 소중한 자산은 함께 공부한 5명의 절친 '아줌마 부대'를 결성하게 된 것이다. 이들은 '성서대의 전설'로 불렸다. 이들이 내게는 든든한 언덕이 되어주고 있다. 내가 주저앉을 때면 일으켜 세워 이 간증을 쓸수 있도록 문을 열어주었다.

하나님! 왜, 왜, 왜요?

"엄마, 배고파."

중학생이 된 아들은 얼굴만 마주치면 이 말을 했다. 내 가슴엔 멍이 들었지만 대답할 여력도 없었다. 심방 가방을 내려놓고 김치와 물을 부은 냄비를 석유 풍로에 얹었다. 기껏해야 멸치 몇 마리를 던져 넣고, 밀가루 반죽을 해 수제비를 떠서 넣었다.

광야는 하늘에서 내리는 만나와 메추라기를 매일 공급받아야 하는 경제체제다. 이것은 내가 이끌고 있는 우리 가정의 경제체제이기도 했다. 첫 번째는 학업에 필요한 학비요, 두 번째는 책이고, 맨 마지막으로 쌀을 샀다. 이러한 씀씀이의 순서는 아마 내 어릴 적 꿈 때문인 것 같다. 방안에 혼자 앉을 정도의 자리만 빼고는 빈틈없이 책이 쌓여 있는 나만의 방을 갖는 것이 꿈이었다. 이 책 숲에 앉아 먹을 것을 옆에 놓고 책을 읽다가 다 읽으면 밖으로 던져버리는 꿈도 꾸었다. 그 때문인지 빠듯한 살림을 살면서도 무의식적으로 책을 사는 데 몰입했다. 오죽하면 전집을 파는 할부 책장사가 우리 집엔 더 팔 책이 없다며 방문을 종료하기까지 했을 정도였다.

교회 사역을 나가기 전에 나는 아이들이 하루 종일 먹을 것을 준비해 놓고 집을 나섰다. 나와서 하는 일이 아무리 어려워도 뭐든 할 자신이 있었다. 그런데 정작 내가 무너질 것 같은 일은 반찬 한 가지 때문이었다. 물 먹은 솜뭉치처럼 축 처져서 집에 돌아오면 아이는 "엄마 배고파!"를 외쳤다. 이럴 때 우유와 빵을 사서 아이들에게 먹이면 얼마나 좋을까. 그러면 한결 수월할 텐데 내 수중엔 돈이 없었다. 매일 저녁 수제비를 떼서 넣으면서 물었다.

"하나님, 왜요? 우유와 빵만 있어도 제가 좀 쉬울 텐데요. 난 왜 발에다 모래주머니를 매달고 날마다 뛰어야 하나요? 왜, 왜, 왜요?"

20년을 물었으나 묵묵부답이셨다. 그런데 아이들이 다 크고 나서야 깨달았다. 목사인 아이들 아버지는 자식들을 두고 산으로 갔고, 엄마인 나 혼자 교회사역을 전담하다 보니 세 아이는 거의 방치 수준이었다. 한 번은 중학생인 막내가 힘없이 말했다.

"엄마, 우리 다 함께 죽자. 누구 하나만 죽으면 남은 사람이 슬플 것 같으니까 같이 죽자."

어린 아들 입에서 나온 그 한마디는 내 가슴에 비수를 꽂은 듯

아리고 아팠다. 그럼에도 난 아무 말도 할 수 없었다. "하나님이 도대체 어디 있어?"라고 반항하지 않고 자라준 것만 해도 그저 감사했다. 죽고 싶을 정도의 고통을 겪으면서도 큰 이탈 없이 자란 것이 내 손으로 만들어 먹인 밥 때문이라는 것을 나중에 알게 되었다.

TV 프로그램 중 헤어진 부모와 자식이 만났을 때 무엇이 가장 하고 싶으냐는 사회자의 물음에 엄마들은 이구동성으로 말했다.

"밥을 해서 먹이고 싶어요."

자녀들도 마찬가지였다.

"엄마가 해준 밥을 먹고 싶어요."

나는 가난해서 매번 수제비를 해줄 수밖에 없었지만, 엄마가 해주는 밥은 단순히 배고픔만 해결한 게 아니었다. 하나님께 물었던 20년간의 질문은 내가 직접 겪어야만 받을 수 있는 응답이었다.

하나님, 절대로 안 돼요

1974년 9월에 결혼하고 첫아이를 임신했는데, 병원에는 한 번도 못 갔다. 출산 때는 시어머니께서 산파 노릇을 했다. 오후 4시쯤부터 진통이 오는데 다음 날 점심때가 지나도 아이가 나오지 않는다. 아이를 낳지 못하고 죽을 것만 같았다. 아픈 건 둘째 치고 너무나 막막했다. 시어머니는 힘을 주라고 하시는데 죽을힘을 다해도 애가 나오지 않았다. 그 와중에 화장실에 가고 싶었다. 괜찮으니 누운 채로 볼일을 보라고 했다. 난 애 낳으려고 힘을 준 것이 아니라 대변을 보려고 힘을 주었는데 아이가 나왔다. 만 하루 동안 산고를 치렀더니 미역국 먹을 힘도 없었다. 아기를 보았다. 미묘한 감정이 교차했다. 조금은 낯설었다. 아기는 결혼을 일찍 하고 싶지 않았던 내게 더 이상 처녀가 아니라는 사실을 확증하는 증표였다. 그렇게 나는 또 하나의 미지의 세계로 들어섰다.

큰아들과는 갓난아기 때부터 긴장 관계였다. 아이는 한시도 떨어지려고 하지 않았다. 화장실도 마음대로 못 갔다. 둘째 아이가 태어났는데도 떨어지려 하지 않았다. 미숙한 엄마였던 나는 큰아이를 무릎 이상 다가오지 못하도록 마음에 진을 쳤다. 이것이 아이에게 병이 된 것 같다. 3살짜리가 동생에게 엄마를 넘겨줄 상황을 이해할 리 없다는 것을 그때는 나도 인지하지 못했다.

셋째에게는 자연스레 사랑이 흘렀다. 네 활개를 펴고 자는 아이의 얼굴이 활짝 펴져 있었다. 반대로 큰아들이 자는 모습은 굶주림으로 펴지지 않은 모습이다. 나도 안타까워 노력을 많이 했지만 인위적으로 되는 것은 아니었다. 두 아들이 서울의 잠실고등학교에 다닐 때 둘째가 말했다.

"엄마, 내가 고등학교에 들어가서 보니 형은 천재야."

"왜?"

"그렇게 공부를 안 하고 그 정도 성적을 유지한다는 것은 천재야."

큰아이의 고3 때 내신은 15등급 중 8등급이었다. 그때 입시에 수능이라는 제도가 첨가되었다. 언어 영역은 1등급이었는데 학교에서는 하향 지원을 권했다. 떨어져서 재수하게 됐는데, 학원에 보낼 형편이 안 되었다. 내 눈에는 아들이 1년을 놀고 있는 것 같았다. 1994년 여름은 유난히 더웠다. 3평짜리 방에 15명 정도가 앉아 있으면 찜통 같았다. 에어컨을 달았다. 그 시절에는 에어컨이 보편화되지 않았었다. 성도들 가정에는 에어컨이 없었다. 삼복더위가 되니 구역 예배를 방학하자는 요청이 들어왔다.

"그럴 수는 없고, 구역 예배는 교회에서 드리겠습니다."

교회 겸 살림집으로도 쓰는 방에서 예배를 드리고 음식을 만들어 나누었다. 한 달을 채우는 네 번째 구역 예배 때 아들의 대학 진학을 위한 합심 기도를 요청했다. 합심하여 통성으로 기도하는데 마치 하늘에서 빨아들이듯 기도가 올라갔다. 성령이 충만했다. 수능은 어려웠는데 오히려 변별력이 기준이 되어 아들의 등급이 올라갔다. 하향 지원만이 능사가 아닌 것 같아 건국대에 원서를 냈다. 1차에 불합격했다. 난 삼각산으로 올라갔다. 평소대로 범사에 감사하는 기도를 하려는데, 갑자기 출산 때처럼 배에 힘이 들어갔다. 두 눈이 부릅떠졌다.

"하나님, 절대로 안 돼요. 한 발짝도 물러설 수 없어요."

그날 나는 하나님과 겨루듯 기도했다. 아들은 추가에 합격했다. 전자공학과 1학년을 마치고 바로 군대에 갔다. 전자공학과는 학비

도 비싸고, 공학도에게 필요한 컴퓨터는 400만 원이 넘어 학업을
제대로 따라가기가 어려웠다. 큰아들은 제대하자마자 성서대로 가
겠다고 했다. 나는 내키지 않았지만 학비를 줄 여력이 없었기에 관
망만 했다. 그랬더니 다시 수능을 보고 성서대 사회복지과에 수석
으로 입학했다. 그런데 입학하더니 아이가 갈등하는 게 느껴졌다.
교만하게 들릴 수도 있지만 학교 분위기가 아들의 학업 열정에 다
소 못 미치는 환경이었기 때문이다. 슬기롭게 헤쳐 나가길 바랐다.

　교회 담임이 되면서 내가 찾은 것은 동기부여였다. 나는 전혀 감
이 오지 않았다. 그저 권위자께서는 순종하라고 하셨으니 순종하
면서 야곱의 사다리를 밟고 올라가듯 했다. 아들에게 동기부여를
줄 수 있는 것이 무엇인지 기도하며 찾았다. 하나님께서는 이미 준
비하고 계셨다.

광야

그리스도로 말미암아 세상이 나를 대하여 십자가에 못 박히고
내가 또한 세상에 대하여 그러하느니라(갈 6:14)
그리스도 예수의 사람들은 육체와 함께
그 정과 욕심을 십자가에 못 박았느니라(갈 5:24)

네 십자가를 지고 나를 따르라

십여 년의 설교를 하면서 보니 설교가 꼭 요리와 같았다. 그 음식은 내가 한 것이 아니었다. 산에 가서 부르짖어 기도하면 성령께서 음식을 만들어 바구니에 담아주셨다. 난 바구니에 담아주신 그 음식을 배달하는 역할만 하면 되었다. 그리고 다른 첨가물을 가미하지 못하도록 외치듯 쏟아내야 했다. 다행히 성도들은 은혜로 말씀을 받아먹었다. 무엇보다도 그 요리를 배달하는 과정에서 내가 먼저 맛보는 특권을 누렸다.

그런데 어느 날부터인가 설교가 힘들어졌다. 성령께서 멈추신 것이다. 52주 중 딱 4주만 성령께서 운행하셨다. 나는 이 문제와 씨름했다. 새로운 메뉴가 필요한 것 같았다. 때마침 김진홍 목사의 책을 읽게 되었다. 그 내용 중에 허물을 벗지 못하는 뱀은 죽는다는 글을 읽었다.

'맞아. 우리 교회도 허물을 벗어야 하는 때구나.'

감지는 됐는데 무엇을 어떻게 하는 것이 허물을 벗는 것인지는 알 수가 없었다. 기도할 수밖에 없다. 기도하러 산에 오르는데, 소나무에 압정이 박힌 게 보였다.

"아이고 미안하다. 누가 너에게 압정을 박아 놓았을까. 얼마나 아프니?"

소나무에게 말을 하며 압정을 빼주었다. 그런데 소나무가 선물이라도 주는 것 같은 깨달음이 왔다. 소나무가 크게 자라려면 몸통이 굵어지는 시기에 껍질이 터져야만 했다. 터진 껍질이 층을 이루어 골이 생기는데 그것이 바로 소나무만의 무늬가 되는 것이다. 압정을 빼주었던 작은 일을 계기로 우리 교회도 소나무 껍질처럼 터져야 하는 때임을 거듭 깨닫게 해주셨다. 우선 인도하심의 큰 방향은 알았다. 하지만 무엇을 어떻게 해야 하는지는 아직 알 수 없었다.

우리 환경은 톱니바퀴처럼 맞물려 돌아갔다. 남편 없는 우리 네 식구는 지하의 단칸방에서 살았다. 아이들이 어렸을 때는 그런데로 견딜 수 있었는데, 자라서 중·고등학생이 되니 방에 꽉 찼다. 그 무렵 빨래하면서 기도를 드렸다.

"하나님 아버지, 방이 너무 좁아요. 지금이 필요한 때입니다. 다 늙어서 주시면 오히려 청소하기만 힘들어요. 그땐 주셔도 필요 없어요."

그리고 돌아온 주일 예배 때, 그 중얼거린 내용을 성도들 앞에서 그대로 되풀이했다. 예배 후에 성도들이 의논을 하더니, 1,700만 원을 모금하여 내놓았다. 같은 건물 1층에 때맞춰 방 2칸짜리 전세가 그 가격에 나와 얻었다. 드디어 예배 처소와 살림 공간이 분리되었다. 이 일이 바로 성도들의 그릇을 키우는 일이었다는 걸 나중에 알았다.

범사에 감사함으로 자기를 부인하고 순종해야 함을 배웠다. 그런데 십자가에서 함께 죽어야 하는 때가 기다리고 있는 줄은 알 턱이 없었다. 대주제인 '범사에 감사하라'라는 속옷을 입혀주셨다면, 겉옷으로 주시는 말씀이 또 있었다.

"그리스도를 위하여 너희에게 은혜를 주신 것은 다만 그를 믿을 뿐 아니라 또한 그를 위하여 고난도 받게 하심이라(빌 1:29)"와, "자녀이면 또한 후사 곧 하나님의 후사요 그리스도와 함께한 후사니 우리가 그와 함께 영광을 받기 위하여 고난도 함께 받아야 할 것이라(롬 8:17-18)"였다. 하나님은 감사의 떡으로 영양분을 채우시고, 고난이라는 쓴 나물과 함께 예수의 살을 먹어야 하는 광야로 우리를 이끌고 계셨다.

광야에서는 불뱀에 물린 자마다 장대에 달린 놋뱀을 쳐다보면 살았다. 하나님은 자기 십자가를 지고 오직 십자가에 죽으신 예수 그리스도만 바라보아 체득케 하시는 프로그램을 준비해 놓고 계셨다.

홍해 언덕의 감격을 뒤로하고

"아이고, 아이고!"

곡성이 애굽 땅을 삼켰다. 그제야 애굽에서는 빨리 나가라며 그 밤에 이스라엘 백성들을 내보냈다. 그들은 반죽 담은 그릇을 옷에 쌌다. 금은과 같은 패물, 의복 등으로 체불 임금과 퇴직금을 받아냈다. 그들은 약속의 땅 가나안으로 향했다. 하지만 홍해가 가로막고 있었다. 그 홍해가 분수령이었다. 이스라엘은 건너고, 바로의 군사들은 수장되었다. 확실한 승리 앞에서 감사와 감격에 겨운 여인들은 손과 손에 소고를 잡고 춤을 추었다. 그 입에서 "너희는 여호와를 찬송하라 그는 높고 영화로우심이요 말과 그 탄 자를 던지셨음이라"라는 찬송이 터져 나와 홍해 언덕을 뒤흔들었다. 하지만 홍해 언덕에서 춤만 추고 있을 수는 없었다. 그들의 목적지인 약속의 땅 가나안으로 향하려면 광야로 들어가야만 했다.

모세는 그들을 이끌고 수르 광야로 들어갔다. 사흘이 지나도 마실 물이 없었다. 홍해의 감격은 사흘 만에 무너지고 "우리가 무엇을 마실까?"란 원망과 탄식의 소리로 바뀌었다. 이 원망과 불평은 결국 그들이 약속의 땅에 들어가지 못하는 요인이 되고 말았다. 그들은 40년 동안 만나를 먹었고, 의복 또한 해지지 않았다. 그럼에도 그들은 틈만 나면 애굽으로 되돌아가고 싶어 했다. 인간적으로는 이해가 되기도 했다.

내 광야는 서울 한복판이다. 쇼 윈도우에는 화려한 의상들이 뽐내며 행인들을 유혹한다. 그 옷들은 내 시선을 끈다. 나도 그 옷을 입고 싶다. 나는 외향 꾸미는 일에 무관심한 편이다. 처녀 때 공장에서 직공으로 일했을 때도 동료들이 외모 가꾸는 모습을 볼 때면 '머리는 깡통이면서'라고 거만을 떨었다. 다른 사람의 시선에도 별로 신경을 쓰지 않는 편이다. 전도사가 되고 난 후 거리에서 주일학교, 중·고등부 학생들이 나를 보면 인사했다. 옆에 있는 친구들이 누구냐고 물으면 "응, 우리 교회 전도사님이야" 했다. 그래도 무심했다. 그런데 문득 내가 격에 맞지 않는 차림새를 하고 있으면 우리 교회 학생들이 친구들 보기에 민망할 수도 있겠다는 생각이 들었다. 애들 때문에라도 의복에 좀 신경을 써야겠다 싶었다. 그럼에도 불구하고 몇 년을 같은 치마를 입다 보니 입고 싶은 옷들이 눈에 들어왔다. 그럴 때마다 눈을 부릅뜨고 힘을 주어 마음속으로 사도 바울의 고백을 외쳤다.

"그리스도로 말미암아 세상이 나를 대하여 십자가에 못 박히고 내가 또한 세상에 대하여 그러하니라(갈 6:14)"

차라리 실제 광야라면 나을 것 같았다. 주변 사람들과 같은 환경이라면 공감대라도 형성될 텐데 나만 광야 같았다. 시장과 상가에는 눈과 입을 호릴 만한 것들로 넘쳐났다. 마치 먹을 것과 입을 것이 풍부한 애굽 같았다. 하지만 우리 집은 매일같이 하나의 만나만 먹었다. 나와 세상 사이에는 십자가라는 담이 가로놓여 있었다. 에스겔이 본 성읍엔 담이 있는데, 그 담은 '거룩한 것과 속된 것을 구별하는' 것이더라. 물레는 비늘이 있는 것은 먹고 비늘이 없는 것은 먹지 말라 하신 뜻을 배웠다.

어느 날 저녁 무렵 3층에 볼일이 있어 올라갔더니, 마침 두부조림이 바글바글 끓고 있었다. 그 댁 가족들이 한없이 부러웠다. 지금 생각해 보면 나도 나지만 어린아이들은 피자, 치킨, 햄버거가 얼마나 먹고 싶었을까. 아이들의 그런 마음을 헤아리지 못한 채 나는 먹고 입는 것보다 책 사는 데만 몰두했다. 하루는 딸이 투정을 했다.

"엄마, 그래도 너무 했어요, 다른 날은 몰라도 크리스마스 땐 과자 한 봉지 정도는 사줘야 했어요."

젖먹이 송아지를 떼어 놓고 벧세메스로

연탄 광을 개조한 방에서 예배드리던 때였다. 아이들을 학교에 보내놓고 돌아오면 먹을 수 있도록 밥상을 차려놓고 산으로 기도를 하러 갔다. 그런데 어느 날부터인가 기도가 되지 않았다. 기도가 되지 않는 것은 치명적이다. 우주보다 더 무거운 짐의 무게를 견딜 재간이 없다. 기도가 열려 펑펑 나가고 나면, 여름 보리타작 마당에서 얼음물을 마신 것 같처럼 속이 시원하다. 모든 스트레스를 감사로 받아낼 수 있다.

할 수 없이 기도 시간을 새벽으로 바꿨다. 아이들의 아침 식사와 도시락을 준비하려면 새벽 3시에는 일어나야 했다. 맞춰놓은 알람이 울리면 "주여, 감사합니다"를 크게 외치며 몸을 일으켜 세웠다. 만약 '아 졸려, 5분만…'이라는 생각이 들기 전에 행동을 취하지 않으면 졸음에 지고 말기 때문이다.

막내가 초등학교 1학년에 입학했을 때였다. 엄마의 손길이 가장 필요한 때였다. 아침밥을 차려놓았지만 아이는 먹지 않고 학교에 갔다. 어느 날 아이가 기침을 했다. 유아 때 감기를 제때 치료해 주지 못해 아이는 늘 기관지가 약했다. 기침을 1년 동안이나 하는데, 내 생각에는 아침밥을 안 먹고 가는 것이 원인인 것 같았다. 지극히 작은 일이지만 죽으면 죽으리라는 각오를 해야만 했다. 기도에 매달리는데 또 입에서 이런 말이 튀어나왔다.

"예수님을 따라가느라 만약 아이들에게 공부를 못 시키는 일이 생겨도 받아들이겠습니다."

그런데 이 고백을 하는 가운데 마치 텐트를 칠 때 땅에 큰 쇠못을 박고 밧줄로 잡아매어 고정하듯이, 공부를 둘러싼 나의 집착이 쇠못을 세상에 박고 굵은 밧줄로 단단히 매어놓은 것처럼 느껴졌다. 그렇게 고백하고 나니, 이 세상에 깊이 뿌리내린 그 밧줄을 내려치는 날카로운 도끼가 되는 것을 느꼈다. 내 욕심의 최고봉은 공부였다. 내가 공부를 접어야 했을 때 인생이 무너졌다고 믿었던 터라 아이들에게만큼은 그런 일을 겪게 하고 싶지 않았던 것이다.

그런데 이러한 상태가 현실로 다가왔다. 막내는 중학교까지만 해도 곧잘 따라갔다. 그러나 고등학교는 차원이 달랐다. 자기 성적으로는 대학 진학이 어려우니 직업반으로 가서 대학에 진학하겠다고 했다. 요리학원을 선택했다. 나는 크게 후회했다. 현장은 학교가 아니었다. 그곳에 온 학생들을 열등생이나 문제아로 취급하는 것이 비일비재하다는 것을 몰랐다. 결국 고3 때 자퇴를 했다. 아들의 교과서를 차마 버릴 수가 없었다.

당시에 그 기도로써 아이들의 공부에 대한 욕심을 끊어내겠다는 고백이 없었다면, 그 상황에서 내가 어떤 발작을 일으켰을지 모른다. 쉽지는 않았지만 담담히 받아들였다. 그리고 아이들의 교육을 위해 기도했다. 그러나 주님께선 그 애들을 좋은 대학에 진학시키는 것보다 내 정과 욕심을 십자가에 못 박으라고 응답하셨다. 아들은 지금 적성에 맞는 사진작가의 길을 가고 있다.

삼천만 원의 빚을 짊어지다

막내아들이 갑자기 백일해와 같은 심한 기침을 해댔다. 아이가 기침을 하면 나는 트라우마에 시달렸다. 감기를 제때 치료하지 못한 아들은 기관지가 약해 감기에 들면 기침부터 했다. 그렇기는 해도 이번 기침은 강도가 매우 심해 걱정을 했다. 아들은 수척해진 얼굴로 나를 불렀다.

"엄마, 드릴 말씀이 있어요."

"그래, 무슨 말인데? 해봐."

"제가 사기를 당했어요, 공익 근무 기간에 필요한 경비에 쓰려고 3,000만 원을 빚을 내서 투자를 했는데, 그 사업자가 사라져서 찾을 수가 없어요. 그런데 돈을 빌려준 사람이 빨리 갚지 않으면 고발한대요."

순간 망연자실했다. 정신을 수습하고는, 그래도 감사하자는 말을 모깃소리만 하게 건네고 내 방으로 건너왔다. 만약 군복무기간만 아니라면 고발당해 감옥에 가도 할 수 없지만, 군대 문제로 인해 고발당하게 하면 안 될 것 같았다. 그렇지만 나는 갚아 줄 능력이 없다. 가진 거라곤 교회에서 얻어 준 2,000만 원 전세가 전부였다. 그렇다고 다 빼주고 길에 나앉을 수는 없는 상황이었다. 도저히 나 혼자의 힘으로는 해결할 수가 없었다.

이 문제를 교회 성도들 앞에서 털어놓았다. 성도라야 열두 명이 출석하고 있었다. 딱히 형편이 넉넉한 사람도 없었건만, 교인들이 800만 원을 모금해서 내놓았다. 다행인 것은 교회 등기가 내 명의로 되어 있었다. 카드 대출을 받아서 아들의 채권자에게 건네주었다. 아들은 빚에서 해방되었다. 고발하겠다는 위협도 멈췄다. 자유로워지자 백일해 같은 기침도 사라졌다. 대신 내가 빚쟁이가 되었다. 그 빚을 갚기 위해 내가 받는 140만 원의 사례비는 대출 이자와 원금 상환으로 몽땅 나갔다. 생활비는 하나님을 의지하여 살 수밖에 없는 상황이 되었다. 빚 갚는 고통은 내가 감수해야 했다. 눈만 뜨면 기도를 했다.

"하나님, 우리는 더 이상 안 먹고는 버틸 체력이 없어요. 굶지만 않게 해주셔요."

이 기도대로 빚을 갚는 것 때문에 굶지는 않았다. 카드를 활용하여 빚도 갚고 최저 생계를 꾸렸다. 이 빚의 짐을 지고 씨름하던 중 복음의 핵심을 맛보았다.

'아, 아! 그렇구나. 우리 죄를 아셋살 양이신 예수께 전가시켰구나. 세상 죄를 짊어지시고, 죄의 값은 사망이라는 율법의 요구를 십자가 죽으심으로 이루셨구나.'

물론 그 전에도 믿었지만 비로소 눈이 뜨여 보이는 것과 같은 희열이 흘러넘쳤다, '전가와 담당'이 핵심인데, 아직은 어떤 상태인지 설명하지는 못했다. '믿으라'에서 죄가 어떻게 예수께로 전가가 됐고, 그 죄를 담당하셨는지를 설명할 수 있게 되기까지는 3,000만 원의 빚이라는 쓴 나물의 감사를 먹으며 비로소 가능해졌다.

가끔 수학학원 앞을 지나다니는데, 학원 전면에 이런 광고문구가 걸려 있다.

"설명할 수 없는 것은 아는 것이 아니다."

난 그 현수막 문구를 읽으며 통통 여문 알곡 같은 말이라고 생각했다. 빚을 갚는 과정을 촘촘히 밟고 나니 비로소 예수께서 우리 죄를 짊어지시고 담당하신 사실이 명료해졌고, 설명할 수 있는 신앙 이성의 새 부대가 지어졌다.

육체의 정욕에서 해방되다

"쯧쯧쯧, 젊다나 젊은 것이…."

시어머니가 혼잣말을 하면서 혀를 찼다. 그 말을 듣는 순간 온몸에 오물 한 통을 뒤집어쓴 것 같은 느낌이 들었다. 남편이 산에 올라간 후 그야말로 '생과부'로 사는 날 보고 하시는 말씀이었다. 남편이 산으로 감과 동시에 성령께서 인도자로 나타나셨다. 그 인도함 속에서 여호와의 선하심을 맛보는 기쁨에 취할 수 있었다. 이 맛은 먹어본 자만이 아는 것이기에 한집에 산다고 알 수 있는 것은 아니었다. 나름 며느리를 이해하신다는 뜻으로 혀를 차신 것이지만 나는 이러한 시선이 싫었다.

사역을 하고 말씀을 전하면서 은혜가 임하면 눈물이 흐르기도 했다. 하지만 그 눈물을 삼켰다. 마치 눈물을 주고 사람이 된 인어공주가 왕자 앞에서 울어야 하는데, 눈물이 없어 울 수가 없었다는 동화처럼 난 맘 편히 울 수조차 없었다. 그러던 어느 날, 성적 본능이 도무지 제어가 되지 않았다. 몸도 괴롭고 어떠한 일에도 집중할 수가 없었다. 어떻게 해도 해소할 수 있는 상황이 아니었다. 이 문제를 위해 40일 동안 아침 한 끼를 금식하기로 작정했다. 금식 3일 만에 어떤 흉악한 결박이 풀어지는 것 같더니 그 모든 욕구가 봄눈 녹듯이 사라졌다. 몸이 날아갈 듯 가벼워졌다. 마음 또한 맑은 가을 하늘처럼 상쾌했다. 자유 또한 넘쳤다. 마음으로 세상을 향해 소리를 쳤다.

'본능에 갇혀 있는 세상 사람들아! 이 해방의 자유와 기쁨의 맛을 모르지, 메~롱!'

이 해방의 자유로 6개월 정도는 구름 위를 걷는 듯 살았다. 그렇다고 그 후로 성적 욕구를 전혀 못 느낀 것은 아니다. 주의 은혜로 충분히 제어되었다. 예수 그리스도의 십자가는 본능적 욕구에 갇혀 종노릇하는 데서 해방시켜 자유하게 하는 권능이 있다. 이런 문제를 굳이 입 밖에 낸 적은 없다. 감당치 못할 시험은 주시지 않으며 시험을 당한 즈음에 피할 길을 주신다는 말씀대로, 남편과 떨어져 혼자 살아야 하는 환경에 처한 나에게 본능을 제어하는 능력의 보화를 손에 주셨기 때문이다.

에덴의 불행으로 사단의 육체가 본능에 입혀졌다. 그러나 대개는 이 본능이 회개만으로 해결되지 않는다는 것을 알지 못한다. 모르니 지배를 받는다. 하지만 이 타락한 본능을 어쩔 수 없다고 묵과하기에는 우려되는 사회현상이 만연해 있음을 우리는 매일 듣고 있다. 성경에 기록되어 있는 소돔과 고모라에 유황불이 내릴 수밖에 없는 현상에 대해서 유다서는 "소돔과 고모라와 그 이웃 도시들도 저희와 같은 모양으로 간음을 행하며 다른 색을 따라가다가 영원한 불의 형벌을 받음으로 거울이 되었느니라(유 1:7)"라고 경고하고 있다. 소돔과 고모라의 뒤를 따른 역사의 현장이 보존돼 있다. 이탈리아 폼페이 화산 폭발재에 묻힌 그림이 발견되었는데, 그 사회가 성적 타락이 극심함을 알 수 있는 유적이라고 했다.

지금 우리 사회는 그런 말기적 증상이 만연해 있다. 사회를 탓할 수는 없다. 그들은 입고 있는 본능에 물들어 있는 육체를 벗을 길이 없다. 하지만 그리스도 예수의 사람들은 예수와 함께 십자가에 못 박힌 사람들이다. 그 십자가는 육체와 정과 욕심까지 못 박은 것이다. 광야에서 불뱀에 물렸을지라도 장대에 달린 놋뱀을 바라본 자마다 살았다. 육체의 본능도 때론 불뱀에 쏘인 것 같은 고통이 될 수 있는 것 아닌가. 본능을 제어하는 문제도 기도 외에는 이런 류가 나갈 수가 없다는 것을 배웠다.

율법과 복음

막내아들이 공익 근무를 마쳤다. 취직하여 직장생활을 좀 하더니 친구와 동업을 했다. 그 동업하는 직종이 퓨전 주점이었다. 처음엔 받아들이기가 무척 힘들었다. 목회자 자녀가 주점을 운영한다는 것은 그야말로 난감했다. 기독교인에게는 맞지 않기에 늘 마음에 걸렸다. 잘 되게 기도를 해야 할지, 망하라고 기도해야 할지 참으로 난감했다. 꼭 떫은 감을 먹은 것 같았다.

그런데 그곳에도 성령의 은혜가 임하는 것 아닌가. 죄 많은 곳에 은혜도 넘친다는 말씀을 목격하면서 난감한 데서 많이 자유로워졌다. 막내는 그 일을 하면서 자신도 내심 걸렸던지 곧 그 일을 그만두고 취직을 하였다. 다만 그 주점 일을 그만두었을 뿐인데, 아들의 목이 마치 광목천에 풀 먹인 것 같이 뻣뻣해졌다. 그 모습을 보면서 '어! 이건 아닌데, 이 모습은 뭐지?' 하는 의문이 들었다. 율법과 복음을 신학적으로 똑소리 나게 논할 실력이 내겐 없다. 이 부분은 책 한 권으로도 부족하다. 다만 내 환경인 그 자리에서 부딪쳐 가면서 삶 가운데서 몸으로 체득한 만큼만 하는 간증이다.

내 부모님은 도덕적 교훈을 말로 가르친 적이 없다. 사회적 지위가 없는 민초셨다. 하지만 흐트러진 모습을 보인 적이 없다. 자연스럽게 유교 문화권과 부모님 영향 아래 도덕적 틀이 형성된 것 같다. 남동생은 "우리는 너무 도덕적인데 설교가 겨우 그 수준으로 얽어맨다"라고 투덜거렸다. 사역을 하면서도 그것을 분별하지 못 했었다. 율법과 복음이라는 말의 차이에도 무지했던 나였다.

남편이 산에 올라간 20년의 세월은 나를 율법적인 어린아이에서 복음에 눈을 뜨게 했고 순종을 배우게 했다. 범사에 감사함으로 모든 고난 앞에 순종했다. 순종을 배우면서 가장 힘든 것이 무엇인지를 생각해 보았다. 성경을 읽으면서 예레미야 같은 사명이 가장 힘들었던 것 같다. 나라의 멸망을 선포해야 할 때 그 마음이 얼마나 참담했을까. "바벨론에 항복하라"는 메시지를 전할 땐 민족적 반감에 부딪혀 죽음을 각오해야만 했고, 그 모멸과 박해를 견디어 내야만 했다. 만약 우리에게 일본에 항복하라고 한다면 과연 할 수 있을까?

이런 상황에 있는 예레미야의 처지에 가슴이 아렸다. 내 무딘 감성으로도 아팠다. 그러면서 성경 저자 중 예레미야를 가장 좋아하게 되었다. 천국에 가면 가장 먼저 예레미야 선지자를 만나보고 싶을 정도였다. 이전의 나는 복음이라고 하면 당연히 신약을 떠올렸다. 그런데 복음에 눈을 뜨게 해준 성경은 예레미야서였다. 예레미야를 향한 연민은 나를 예수께 이끌어 복음의 진수와 마주하게 도와주었다. 새 언약을 선포할 때 새 언약이신 예수 그리스도를 보게 되었다. 그는 민족의 멸망 너머의 소망을 보았을 것이다. 예레미야에게는 "힌놈의 아들 골짜기로 가라 내가 거기서 말하리라"라고 하셨다.

내 힌놈의 아들 골짜기는 아들의 퓨전 포차였다. 그런데 아들은 나중에 음식과 술을 파는 포차를 또 열었다. 아들의 뻣뻣한 모습을 보았기에 이번에는 담담하게 받아들였다. 아들이 다시 가게를 인수했다는 말을 듣고 오후 3시의 기도회가 끝나면 그곳으로 갔다. 기도하고 오픈에 필요한 몇 가지를 도와주었다. 내 생각에는 목회

하려는 큰아들을 기도로 밀어야 할 것 같은데, 막내 기도만 집중적으로 나갔다.

그 날의 매상은 하나님께서 주관하셨다. 잠잘 때도 잠에 푹 들면 안 되었다. 잠을 자지만 집중해서 마음을 모아 기도로 뒷받침하면 매상이 올랐다. 그런데 2013년 상반기에는 매출이 10만 원대로 곤두박질할 때가 자주 발생했다. 그때마다 아들은 죽고 싶다고 몸부림을 쳤다. 그럴 때마다 말씀이 열렸다.

"내가 잘지라도 마음은 깨었는데 나의 사랑하는 자가 문 열어 다고 문틈으로 손을 들이밀 때 사랑하는 자를 위해 문을 열었다(아 5:2~5)"

그런데 그 열린 말씀은 아들이 아니라 우리 교회가 받았다. 이때까지만 해도 이 포차는 하나님께서 아들을 연단하고 훈련시키며 교육하시기 위해서라고만 생각했다. 그런데 이 포차 주점은 아들 때문이 아니었다.

'나 때문이었구나. 하나님께서 내게 말씀을 열어왔구나.'

이 퓨전 포차, 여기가 바로 말씀을 여는 벧엘이요, 10만 원대 매상은 사다리의 밟는 가로 받침대 부분 역할을 했다. 그제야 퓨전 포차는 하나님의 전이요, 하늘 문인 것을 깨닫게 되었다. 그곳은 나의 율법적 사고의 틀을 깨는 장소였다. 성령께서는 기도 가운데서 율법적 사고의 틀을 깨뜨렸다. 기도가 되지 않으면 가슴에 맷돌을 올려놓은 것 같이 답답했다. 부르짖는 기도가 안 되었다. 답답한 가슴을 문지르면서 맨 먼저 '내가 무엇을 잘못 했나, 무엇을 깨달아야 하나' 생각하며 이것저것을 찾았다.

그런데 성령으로 기도가 터지면서 한 번도 내 생각 안에 있는 것이 없다는 것을 알았다. 예수께서 가신 그 길로 나를 이끄셨다. 성경으로 알고는 있었지만 내 안으로 들어오지 못했던 진리가 훅 들어왔다. 깨달음과 함께 내 가슴을 짓눌렀던 맷돌이 떨어져 나갔다. 시원하며 기쁨이 넘쳤다. 이것은 성경 말씀과 함께 성령의 인도하심을 분별하는 큰 표징이었다.

"성령의 인도하시는 바가 되면 율법 아래 있지 아니하리라(갈 5:16)"

더욱 중요한 것은 나 자신이 율법적 판단을 하는지 복음적 태도로 삶을 받아들이는지를 분별하는 것이었다. 나는 율법과 복음을 삶의 문제를 받아들이는 태도로 분별했다. 요한복음에 날 때부터 소경된 사람을 보고 제자들이 이 사람이 소경으로 난 것이 뉘 죄로 인함이냐고 물었다. 예수께서는 그에게서 하나님의 하시는 일을 나타내고자 하심이라고 대답하셨으며, 죽은 나사로에게는 하나님의 영광을 위함이라고 하셨다.

이제는 고난을 만날 때마다 기대된다. 고난은 내 눈의 비늘을 벗게 하고 주의 영광을 보게 하는 은혜의 수레바퀴다. 이 간증을 쓸

수 있는 것은 삶의 문제를 만날 때마다 성령 하나님께서 말씀에 대한 깨달음을 주셨기 때문이다. 나는 이것을 '주의 영광을 보았다'고 표현한다. 주의 영광은 사람을 변화시킨다.

> "우리가 다 수건을 벗은 얼굴로 거울로 보는 것 같이 주의 영광을 보매 저와 같은 형상으로 화하여 영광으로 영광에 이르니니 곧 주의 영으로 말미암음이니라(고후 3:18)"

사람이든 동물이든 갓 태어났을 땐 보고, 듣고, 말하지 못한다. 중생한 사람도 이와 같다. 자라면서 어린양의 고기와 고난의 쓴 나물을 함께 먹어야 눈이 열려 주의 영광을 보는 눈이 떠진다. 모든 고난은 죄 때문이 아니라. 주의 영광을 보게 하려고 주목하게 하는 은혜의 수단이다.

> "모든 사람이 죄를 범하였으매 하나님의 영광에 이르지 못하더니 그리스도 예수 안에 있는 구속으로 값없이 의롭다 함을 얻었으니(롬 3:23)"

> "하나님으로 더불어 화평을 누리자 그로 말미암아 우리가 믿음으로 서 있는 이 은혜에 들어감을 얻었으며 하나님의 영광을 바라고 즐거워하느니라(롬 5:1~2)"

이 영광을 바라보면 환난 중에도 즐거웠다.

내 마음의 율법

성전 휘장이 위에서 아래까지 찢어져 둘이 되더라는 십자가 사건이 나에게 적용되어야 하는 줄을 어찌 생각할 수 있을까. 하나님의 성전인 우리 마음의 휘장도 아래까지 찢어져야 한다는 것을 이제야 감 잡았다.

등산은 힘들다. 나는 등산을 위한 등산은 한 적이 없다. 산기도 때문에 삼각산 꼭대기인 능력봉에 올랐다. 운동신경이 둔한 나로서는 너무 힘이 들었다. 더군다나 남편에게 끌려다니기에 죽을 맛이었다. 그곳은 가끔 추락사도 발생했다. 추락사는 올라갈 때가 아닌 내려올 때 더 자주 발생했다.

아스팔트 바닥에 길들여진 발바닥인지라 울퉁불퉁한 산길에서는 기우뚱거렸다. 좀 더 다녀 익숙해지니 기우뚱거리지는 않았지만, 산비탈 길에는 모래가 덮여 있어 미끄러워 넘어지거나 자칫 추락사의 원인도 되었다. 그때만 해도 젊기에 모래가 미끄러지는 속도에 맞춰 뛰어 내려오면 넘어지지 않았다. 그러나 이제는 그야말로 어물어물하다가 넘어져 다친다.

마찬가지로 올라간 하늘에서 내려오는 것은 더 어려웠다. 하늘 보좌 우편에 계신 어린양을 내 마음 보좌의 왕으로 모시기는 했어도, 내 마음은 비단이 아니라 마치 산 길 같이 돌이 박혀 있고 모래로 덮여 있었다. 하늘에 오른 것은 내가 의로워서가 아니다. 다만 주의 은혜일 뿐이다.

내려오는 길은 마음의 휘장이 위에서부터 아래로 찢어지는 때와 같다. 산상수훈에서 제시하신 팔복의 마음이 조금씩 내 안에 스며들었다. 이 정도면 다 끝난 것인 줄로만 알았다. 그동안은 내 위에 있는 권위의 막대기에 순복함으로 통과했다. 하지만 시간이 흐르고 보니 이젠 내가 권위자의 위치에 있다.

나는 아들과 함께 살고 있다. 나는 일찍 자고 일어나는 종달새형이라면, 아들은 아기 때부터 늦게 잔다. 밤에 자다가 일어나 화장실에 가다 보면 불이 환하게 켜져 있다. 그렇게 환한 불빛에서 성경을 본다면 감사하겠는데 컴퓨터 앞에 있다. 그 모습에 근심스러운 나는 한마디 하고 싶지만 꾹 눌러 참는다.

'하나님, 잔소리하고 싶어 죽겠어요. 40년을 참았어요. 왜 나만 참아야 하나요?'

외치지만 하나님의 응답은 또 '나'였다. 내 마음의 휘장이 아래까지 찢어지지 않은 것을 깨닫게 되었다.

"여호와의 말씀이 이상 중에 아브람에게 임하여…나를 위하여…산비둘기와 집비둘기 새끼를 취할지니라 아브람이 그 새는 쪼개지 아니하였으며 솔개가 그 사체 위에 내릴 때에 아브람이 쫓았더라…해가 져서

어두울 때에 연기 나는 풀무가 보이며 타는 횃불이 쪼갠 고기 사이로 지나더라."(창 15:1~17)

마음이 찢어지고 쪼개져야 할 부분이 있음을 보게 되었다. 결국 잔소리 하고 싶었던 것은 쪼개지지 않은 내 마음의 법에서 나왔던 것이다.

"율법 없는 이방인이 본성으로 율법의 일을 행할 때는 이 사람은 율법 없이도 자기가 자기에게 율법이 되나니."(롬 2:14)

내 상황이 이 말씀에 딱 들어맞았다. 부모들이 내 법에 하나님의 말씀을 사용하여 말씀으로 잔소리한다. 내가 만든 율법에 따르지 않는다고 외쳐댄 것임을 깨닫는 데 40년이 걸렸다.

남편이 산에서 내려온 후에는 중·고등부 설교를 하게 되었다. 설교를 하면서 보니 집사의 딸이 머리를 의자 밑에까지 수그리고 앉아 있었다. 그 집사를 익히 알기에 집에서 성경 말씀으로 아이에게 잔소리했다는 것을 간파했다. 차츰 예배를 드려가면서 목이 펴지더니 나중에는 얼굴을 들고 집중해서 말씀을 잘 들었다.

하나님의 백성들은 혈통과 육정에 의한 부모와 자녀로 가정을 이루었지만, 혈통이 아닌 예수 그리스도의 생명의 공동체로 가문을 이루어야 하는 숙제가 주어졌다. 아브라함의 하나님, 이삭의 하나님, 야곱의 하나님을 상속했기 때문이다. 세대를 넘어 하나님을 상속하려면 성전 휘장의 아랫부분까지 찢어져야 했다.

나무에는 물관이 있고 체관이 있어 광합성을 통한 생명의 순환이 이뤄져야 포도나무가 살 수 있다, 우리 몸에는 동맥과 정맥이 있는데 모세 혈관까지 피가 통해야 건강하다.

"온몸이 머리로 말미암아 마디와 힘줄로 공급함을 얻고 연합하여 하나님이 자라게 하심으로 자라나느니라(골 2:19)"

생명의 활동을 내 마음의 법으로 잔소리하면 장애가 생길 뿐이다. 하나님은 주의 영광을 흐르게 하는 혈관을 막히게 하는 '내 율법'을 먹이지 못하도록 막고 계셨다. 그러자 이제야 풀리는 것이 있다. 우리 가정은 한 상에 둘러앉아 밥을 먹은 횟수가 손가락으로 꼽을 만큼이다. 깨닫고 보니 밥상머리에서 내 율법에 성경 말씀을 담아 잔소리로 아이들의 귀를 막히게 할 뻔 했다. 마음에 동맥경화증을 유발하는 위험요소가 있으니, 함께 붙어 앉아 밥을 먹을 수 없는 바쁜 환경으로 미리 차단하셨던 것이다. 그것을 큰아들의 빚을 짊어지고 내 마음의 휘장을 찢는 값을 지불하고 나서야 깨달았다.

성령 하나님은 말로 소개할 수가 없다. 다만 불로 임하셔야 한다. 타는 불은 쪼개진 고기 사이로만 지나간다. 마음이 찢어진 후 예배 가운데서 성령의 불이 붙기 시작했다. 아직은 조심스럽지만,

이 불이 붙었으면 좋겠다고 하신 예수님의 탄식을 이해하게 되었다. 나에게는 나타나 주셨지만, 2세대들에게는 어떻게 그 불이 붙을지 궁금했다. 얼마나 막막했는지 포기할 뻔했다. 내 마음을 찢는데 40년 걸렸고, 3,000만 원을 지불해야 했다. 진정한 회개는 마음을 찢는 것이다. 그 모습 그대로 만족히 여기라고 하신다.

무덤의 세월

모든 것을 참으며 모든 것을 믿으며
모든 것을 바라며 모든 것을 견디느니라 (고전 13:7)

연탄 광을 벗어나다

남편이 산으로 가고 교회가 소용돌이가 칠 때, 성령 하나님께서는 나를 통해 교회를 이끄셨다. 하지만 남아 있던 성도들은 냉담하기만 했다. 오직 나는 성령의 감동을 따라 일을 처리했다.

먼저 삶의 풍랑에 떠밀려 거처가 없이 뿔뿔이 흩어진 가정들에게 월세 보증금을 지원했다. 그들이 교회에 등록을 했다, 남전도 회원이 12명으로 구성될 만큼 부흥되었다. 새로 등록한 성도들이 열심을 내어 교회 일에 협력하자 냉담했던 사람들도 차차 협력하기 시작했다. 어찌 보면 시샘도 하나님의 전술이셨다. 지하 연탄 광이지만 부흥이 되었다. 어느새 예배처가 너무 좁아졌다. 좀 더 넓은 장소로 이전하고 싶은 마음이 간절했다. 그런데 아무리 생각해도 연탄창고인 이곳으로 이사 들어올 사람이 없을 것 같았다. 주인에게 이사 갈 때 보증금을 빼주겠느냐고 물었다. 주인은 우리가 알아서 빼라고 했다.

'그래, 이제부터 월세를 낼 돈을 적립해 보증금으로 돌려받아야겠다'고 생각하며 월세를 적립했다. 그런데 갑자기 집이 팔렸으니 이사를 하라고 했다. 하나님께서 그야말로 한 방에 깨끗이 해결하셨다. 나는 내 잔망스러움에 실소를 금치 못했다. 교회 장소를 보러 다녔다. 부동산에서 지금의 교회 자리를 4,000만 원이면 분양받을 수 있다고 했다. 난 일언지하에 거절했다.

"우리는 살 형편이 못 됩니다."

이 얘기를 들은 부동산업 하는 성도가 얘기했다.

"지하상가를 분양받을 수 있어요."

그렇게 4,000만 원을 주고 지하상가를 분양받았다. 담보로 2,000만 원을 대출받아 사택을 얻어 따로 이사했다. 드디어 우리는 지하 월세 연탄 광을 청산했다. 교회를 구할 때의 최우선 순위는 마음껏 부르짖어 기도할 수 있는 곳이었는데, 마음껏 부르짖어도 문제없는 깊숙한 지하였다. 교회를 분양받는다는 생각은 내 머릿속에 1%도 없었다. 분양받게 해달라고 구하는 믿음도 없어 기도도 못 했다. 그러나 하나님께서는 우리가 구하는 것이나 생각한 것보다 넘치게 하셨다.

교회를 옮기는 과정에서 예상 밖의 일이 벌어졌다. 교회의 모든 일에 '아니요' 하던 집사가 앞장을 섰다. 교회 강단을 만들고 십자가 탑을 세우는 등 적극적이었다. 성도들은 어안이 벙벙하여 서로 쳐다보며 웃었다. 그들과 부딪칠 때마다 감사로 소화했더니 그들을 통해 교회 이전에 필요한 일을 깔끔하게 진행하셨다. 또 하나의 효과적인 하나님의 전술을 보았다.

교회 장소는 생겼지만 인테리어 비용이 없었다. 장판만 깔고 예배를 드리려고 했다. 그랬더니 성도들이 또 나섰다. 커튼, 강대상, 의자, 마이크 시스템 등 모든 교회 비품 일체를 갖추었다. 성도들은 자신이 해놓은 비품에는 특별한 애정을 갖고 관리했다. 물질이 있는 곳에 마음도 따라왔다. 비록 지하상가지만 교회 모습을 갖췄다. 입당예배를 드렸다.

풍랑에서 구조했던 사람들이 교회 구성원이 되어 광야의 세월을 함께했다. 자신들이 힘을 모아 갖춘 성전에서 예배드리며 그들은 기뻐했다. 그 모습을 지켜보는 나도 기뻤다. 하지만 이후 어떤 일들이 펼쳐질지 나도, 성도들도 몰랐다. 교회 이전이 무덤으로 들어가는 출발점이라는 것을 꿈에도 몰랐다. 아마 모르는 것이 약이 되었을 수도 있다.

사단이 풀려나다

2001년이었다. 예배시간에 말씀을 선포하려고 막 입을 떼려는데 아주 강력한 힘이 바람처럼 휘몰아쳤다. 자연 바람이면 사물이 흔들릴 텐데 그런 현상은 없었다. 같이 예배드리는 성도들은 전혀 감지하지 못했다. 나만 느꼈다. 그 강한 바람은 말씀을 선포하려는 나의 맥을 쏙 뺐다. 나는 평소에 힘차게 말씀을 외쳐왔다. 힘 있게 말씀을 선포할 수 있었던 것은 '말씀을 온전히 믿는 믿음'으로 선포했기 때문이다. 중졸이었고 신학에 입문도 못 했던 내가 설교해야 할 처지로 떠밀렸을 때, 나는 두렵고 떨리는 마음을 안고 곰곰이 생각했다.

'내가 의지할 것은 성경 외에는 없는데, 성경을 얼마나 믿어야 할까? 만약에 하나님의 말씀인 성경이 60억 분의 1이라도 오차가 있다면 어쩌지? 내 삶에서 그만큼의 오차는 괜찮겠지만, 그런데 내가 한 치의 오차라도 전할 경우, 60억 인구 중 한 사람이 그 오차에 들어갈 수도 있는 것이 아닌가? 공교롭게도 그 오차에 내가 들어간다면 내 인생은 100% 멸망이다. 60억분의 1의 오차도 불안했다. 그렇다면 난 성경을 믿을 수 없다.'

기도의 씨름 끝에 '에라, 온전히 믿자'라고 결론을 내리고, 그 믿음을 가지고 말씀을 선포해 왔다. 그런데 그 사단의 강풍은 성경을 온전히 믿고자 하는 믿음을 흔들었다.

'내가 성경을 온전히 믿지 않으면 내가 무엇으로 설교를 할 수 있지? 지식도 없고, 말재주도 젬병이고, 사랑 또한 없지 않은가. 내가 할 수 있는 것은 오직 성경을 믿는 것뿐이다.'

눈을 부릅뜨고 대항하며 무사히 예배를 마치고 내려왔다. 하지만 이 문제를 쉽게 보면 안 될 것 같았다. 만약 내가 교만하면 이 사단을 이길 수 없을 것 같았다. '겸손해져야 하는 문제구나' 하는 생각이 들었다. 그래서 겸손의 가이드라인을 말씀에서 배운 것을 기초로 정했다.

첫째는 권위를 인정하고 순종하는 일이었다. 둘째는 우리 교회에서 가장 낮은 환경에 처한 사람을 찾는 일이었다. 노숙하던 한 아저씨에게 보증금 100만 원에 월 6만 원짜리 거처를 제공해서 주거지를 마련해 주었다. 그리고 주민센터 복지과에서 혜택을 받도록 도움을 주었다. 그분이 우리 교회에 출석하고 있기에 이 성도를 대하는 내 마음의 태도를 점검하기로 했다. 매일 새벽 강단에 엎드려 이 두 가지를 점검했다.

그런데 이 사단의 공격 대상이 나 한 사람인 줄로만 알았다. 그 바람이 성도들 속으로 들어갔다는 것을 미처 알지 못했다. 광야에서 예수님을 시험하던 마귀가 시험을 다한 후 떠났다가 사람들 속으로 들어가서 '십자가에 못 박으소서. 십자가에 못 박으라' 했던 현상을 생각하지 못했다.

대학 졸업을 앞두고 대부분의 동기들은 대학원 진학을 준비하느라 분주했다. 나도 대학원에 진학하고 싶었다. 학업에 대한 내 욕심은 정말 간절했다. 그런데 왜 그런지는 모르지만 대학원에 진학하면 영적 전쟁에서 승리할 수 없을 것 같다는 생각이 나를 괴롭혔다. 하나님께 아뢰며 진학을 탄원했지만 평강이 없었다. 이 생각을 묵살할 수 없어 대학원을 포기했다. 알고 보니 이미 그때 사단의 바람이 불어와 후에 벌어질 일에 대한 선전포고를 했는데, 나는 그 심각성을 모르고 있었다. 그 전쟁에서 승리하기 위해서는 오로지 기도에 전념해야 했던 것이다. 지금 생각하면 진학을 포기하도록 만든 마음의 부담감이 얼마나 감사한지 모른다.

이 바람은 무덤에 묻히는 어둠의 신호였다. 무덤 속은 캄캄하다. 십자가에 달릴 때는 햇빛도 비치고 바람도 불고 산천초목도 보인다. 하지만 무덤 속은 어둠뿐이다. 못 박혀 죽을 뿐만 아니라, 무덤에서 육의 몸에 입혀진 구습을 좇는 옛사람은 썩어져야 한다. 그래서 새 사람이 그리스도의 장성한 분량에 이르고 자랄 수 있게 영양을 공급해야 한다. 이 캄캄한 무덤 속에서 내가 부른 노래가 있다.

"모든 것을 참으며 모든 것을 믿으며 모든 것을 바라며 모든 것을 견디느니라(고전 13:7)"

그 무덤 속에서도 성령께서는 함께하셨다. 그러했기에 이번에 드리워진 어둠은 결혼 10년 차에 펼쳐진 절망의 캄캄함과는 달랐다. 그러나 엿새 동안은 기도가 충만했으나 주일 새벽에는 기도가 되지 않았다. 예배드릴 때도 성령께서는 잠잠하셨다. 마중물처럼 주어졌던 성령의 은혜는 펌프 속으로 들어가고, 성도들의 옛사람이 활동하기 시작했다.

남편이 산에서 내려오다

2001년 봄 어느 주일이었다. 설교 준비를 막 끝내고 펜을 노트에 내려놓는데 갑자기 남편이 쑥 들어왔다. 그리고는 어리둥절하고 있는 내게 다짜고짜 통보했다.

"하나님이 내려가라고 해서 내려왔으니, 오늘부터 설교할 거야."

순간 멍해서 가만히 있었다.

'아니 목사직을 내놓겠다고 가버릴 때는 언제고, 20년이 지난 지금 갑자기 내려와선 천둥벌거숭이처럼 뭐하자는 거야. 여기 있는 사람들은 안중에도 없나보네. 20년 전에는 그런 모습이었다고 해도, 그 세월 동안 했을 기도는 다 뭐지?'

가슴이 꽉 막혔다. 말을 하다가 남편의 언성이 높아져서 밖에 들리기라도 하면, '언제는 주여, 주여 하더니 싸움박질하네' 할 것 같아서 참았다. 그날로 남편은 다시 설교를 시작했다. 20년 만의 첫 설교 본문은 빌립보서 1장이었다. 내려와서 처음 하는 설교 본문으론 적합했다. 내심 나도 기대했다. 그런데 본문을 읽고 입을 열자마자 하는 남편의 소리가 이상했다.

"이까짓 것, 코딱지만 한 교회는 내 안중에도 없다"고 선포했다. 성도들은 모두 아연실색했다. 그들은 자기들만의 힘으로 교회를 마련하고는 모두 좋아했었다. 오랜만에 본 목사님으로부터 내심 그동안 수고 많았다는 말을 듣고 싶었을 성도들에게 도리어 남편은 찬물을 끼얹어 버렸다. 그렇긴 해도 성도들은 일단 목사님이 하산한 것을 환영했다. 나는 남편이 내려온 것도 좋고 성도들이 환영하는 것도 좋았다. 남편이 잘 되면 해로울 것도 없고, 내 짐도 내려놓을 수 있어 좋은 일이었기 때문이다.

하지만 분명히 본인 입으로 사임하겠다고 하고 떠났으니 하나님께서 하산하라 하셔서 내려왔을지라도 회의를 거쳐 담임목사로 받아들이는 절차를 밟는 것이 순리라 생각되었다. 순리를 따르지 않고는 승복이 안 될 것 같았다. 이런 상태로 남편의 담임 체제로 가면 교회가 모래 위에 세운 것 같이 흔들릴 것 같다는 생각을 떨칠 수가 없었다. 하지만 남편과 성도들은 절차에는 관심도 없고, 일부 성도들은 '사모가 권력이 좋아서 내려오지 않는다'라고 했다.

그런데 사실 어떻게 내려와야 하는지도 몰랐다. 순리적 절차에 따라 내려오는 계단을 놓아주어야 하는 게 아닐까 싶었다. 20년 동안 교회를 지켜온 전도사를 수고했다는 말 한마디 없이 끌어내리려 했다. 그런데 내가 끌려 내려오는 것이 문제가 아니었다. 20년 반석교회 역사가 존재할 수 있었던 것은 성령께서 낮에는 구름기둥으로, 밤에는 불기둥으로 인도해주셨기 때문인데, 그 세월을 말살하려는 것만 같았다. 나와 성도들이 그 안에서 교회를 지켜온 역사가 통째로 사라질 위기에 처한 것이다. 마치 익지도 않은 벼이삭을 참새가 먹어 버리려 하는 것 같았다.

남편은 예배를 인도하고 설교하며 담임처럼 행동했다. 하지만 제직회를 통해 정식으로 취임 절차는 밟지 않았다. 이때 성도들의 마음은 절차만 밟으면 담임목사 추대 안건은 그대로 통과시킬 수 있었다. 그러던 중 나는 호세아서를 읽다 손뼉을 쳤다.

"저희는 빵 만드는 자에게 달궈진 화덕과 같도다 저희가 다 화덕 같이 뜨거워져서 재판장들을 삼키며 그 왕들을 엎드러지게 하도다 (호 7:7)"

휘몰아쳐 온 사단의 바람이 성도들에게 들어가니 달궈진 화덕이 되었다. 겉으로는 영적 전쟁이라지만, 사실 알고 보면 다 사람과의 전쟁이다. 그러하기에 사단을 공격한다면서 사람을 공격해 피차 물고 먹는 일이 벌어지는 것이다. 사단과의 진정한 승리의 모범 사례는 다윗이 사울에게 인정받은 것이다.

"이 집은 살아계신 하나님의 교회요 진리의 기둥과 터이니라 음부의 권세가 이기지 못 하리라(딤전 3:15)"

나는 이 말씀을 외치며 사단의 바람을 막아냈다.

옥합을 깨뜨리다

남편은 '어서 돌아오오, 어서 돌아오오'라는 찬양을 불렀다. 한강
변에서 기도할 때 그 찬송이 터졌다며 설교 때마다 불렀다. 남편은
본래 성악가의 길로 가려고 했는데, 부흥 집회 때 극적으로 회심하
고 목사의 길로 들어서게 되었다고 했다. 평소 나는 남편의 노래 실
력엔 별 관심이 없었는데, 산에서 내려와서 하는 설교를 처음 들은
집사가 내게 그런 말을 해주었다.

"전도사님, 목사님은 목소리만으로도 70%는 먹고 들어가요."

남편의 음색은 미성이었다. 남편의 찬양을 들으면서 성령께서
은혜를 주셨나 보다고만 생각했다. 그런데 뭔가 돌아가는 조짐이
이상하게 느껴졌다.

어느 날 교회 문을 열고 들어서니, 남편도 있었고 여전도사도 있
었다. 그런데 지금껏 남편에게서 본 적 없는 아주 아름다운 언어가
쏟아져 나오고 있었다.

'저렇게 시적이고 고급스러운 언어를 구사할 실력이 없는 사람
인데, 이 현상은 무엇일까?'

매우 충격이었다. 그 상태만 유지된다면 교회 부흥에는 문제될
것이 없을 듯해 잠시 소망도 가져 보았다. 그러던 어느 날 나와 여

전도사와 집사 셋을 불렀다. 셋을 앞혀 놓고 남편이 선포했다.

"이현숙은 아니다. 여전도사가 짝이다."

나하고는 찬양도 터지지 않고 아름다운 시가 터지지 않으니, 이현숙은 자기 아내가 아니라는 것이었다. 그 선포를 듣는 순간 난 또한 번 놀랐다. 남편의 말 때문이 아니라, 그 말을 듣는 순간 마음이 내 안에서 나오더니 예수님께로 갔기 때문이다. 남편이라는 도끼가 내 마음을 싸고 있던 호두 껍데기를 깨뜨렸던 것이다. 마음이 깨졌는데 좌절하거나 분노 대신 마음이 예수님께 가고 있으니 어찌 상상할 수 있었으랴.

예수님을 믿는다고는 했지만 사랑한다고는 고백하지 못했다. 물론 마음이 예수님께로 가는 순간에도 선뜻 그 말은 나오지 않았다. 그런데 한 여성으로서 수치스러울 수도 있는 그 순간에 내 깨진 마음이 나와서 주님께로 가는 것이었다. 사단은 남편을 통해 내 존재를 부인함으로써 자존감에 상처를 내려 했지만, 오히려 그 상처는 피난처이며 산성이신 예수님 품에 안착하는 계기가 되었다.

남편과는 4번의 만남 끝에 결혼했다. 사랑의 감정은 전혀 없었고 동정심으로 결정했다. 하지만 하나님은 나의 결혼생활을 성경적으로 이끄셨다. 첫날밤에는 '이, 나는 반쪽이었네' 정도라고 알아졌다. 그럼에도 남편과의 사이에서 벽창호, 그랜드 캐니언의 계곡, 평행선 같은 실체 없는 느낌이 나를 괴롭혔다. 성령 안에서 부르짖는 기도가 터지자 이 괴물들은 물러갔다.

하나님께서는 반쪽이 위치적으로 마주 서게 하는 게 아니라, 그 안이 내 위치라고 깨닫게 하셨다. 남편과 아내의 비밀은 그리스도와 연합하여 신령과 진정으로 예배드릴 수 있는 핵심 단위인데, 사단은 내 마음에 상처를 내어 이것을 흔들려 했다. 하지만 하나님은 내 마음을 예수님께 드리는 발판으로 삼게 했다. 무슨 독을 마실지라도 해를 받지 않았다. 아니 독이 가까이하지 못했다.

하늘에서 내려온 가짜 불

사단이 사용하는 최고의 무기는 남자와 여자이다. 남자와 여자의 관계는 자석과 같다. 같은 극은 밀어내고 다른 극은 가까이하며 끌어당기는 원리가 비슷하다. 이 원리를 지침으로 삼지 않으면 부끄러움에 빠질 가능성이 농후하다.

남편은 입에서 찬양과 아름다운 시가 터져 나오는 원인이 여전도사와 부부가 된다고 생각했기 때문이었던 것 같다. 그래서 그 마음을 성령의 기름 부으심으로 착각했던 것이다. 좌우에 날 선 검이 아니라 한 면만 보았다. 그때 나는 또 깜짝 놀랐다. 사단이 하늘에서 내려오는 성령의 역사까지도 모방하여 다가오는 것을 목격했다. 계시록(13:11~14)에서 "땅에서 올라온 짐승이 사람들 앞에서 불이 하늘로부터 땅에 내려오게 한다"는 말씀을 읽은 적이 있다. 그 불은 혹시 사랑의 불이 아닐까 싶다. 그 불이 하늘에서 내려오기 때문에 하나님의 것으로 생각할 수도 있다. 나도 남편 입에서 아름다운 찬양과 감미로운 시가 터지는 것만 봤을 때는 성령의 역사와 흡사해 보였다. 루시퍼의 직책이 찬양을 담당하는 천사장이었다니, 그 찬양의 달란트를 미혹하는 수단으로 이용할 수도 있는 게 아닌가?

그동안 무엇인지 모를 심한 기도의 씨름이 있었다. 우리를 시험하던 것의 정체가 이제 드러났다. 남편은 내게 '너 하고는 아니다'라고 했지만, 내가 반응이 없자 남편은 실토했다.

"네가 죽고 전도사의 남편도 죽어 둘이 결혼하는 것이야."

"내가 죽고 사는 것은 하나님의 주권이니 하나님께 맡기겠어요. 하지만 당신은 못 믿겠어요. 생명과 진리는 하나님의 것으로 그 누구도 침범해서는 안 되는 영역이에요. 아무리 하찮은 자일지라도 그의 생명을 하늘의 천사라도 모세나 바울이라도 그 어떤 큰 종일지라도 침범할 수 없어요."

진리의 방패로 막았다. 그 싸움에 마치 아브라함에게 말씀하시던 하나님이 나타나시어 방문하시듯, 하나님이 한 발 앞으로 나오시는 것을 알 수 있었다. 하나님의 것을 범할 때는 하나님께서 직접 일하셨다. 사단도 남자와 여자를 포섭하여 사단의 나라를 건설하고, 자기가 하나님 자리에서 경배 받고자 하는 것이 최대의 목적이다. 남자와 여자는 한 몸이라고 하셨는데, 나는 마치 컴퓨터와 같다고 느껴졌다. 남자는 하드웨어, 여자는 그 안에 내장돼 있는 소프트웨어로 한 몸을 이루고, 또 몸으로는 둘이 되어 예배하는 세트 구성이라 생각되었다.

> "사람이 부모를 떠나 그 아내와 합하여 그 둘이 한 육체가 될지니, 이 비밀이 크도다 내가 그리스도와 교회에 대하여 말하노라(엡 5:22~33)"

사단은 하나님이 짝지어 주신 한 몸을 깨뜨리려고 불법으로 야합한 몸을 거점으로 삼아 사단의 나라를 세우고 있다. 하나님이 짝지어 주신 한 몸을 깨뜨리는 방법이 하늘에서 내려오는 가짜 사랑의 불이다. 나는 이 과정의 한 유형을 남편에게서 보았다.

> "하나님이 유혹을 저의 가운데 역사하게 하사 거짓 것을 믿게 하심은 진리를 믿지 않고 불의를 좋아하는 모든 자로 심판을 받게 하려 하심이라(살후 2:9~12)"

나는 하나님의 짝지어 주신 것은 사람이 나눌 수가 없으니 젊어서 취한 아내를 즐거워하라는 말씀으로 인내했다. 은혜와 진리의 양날을 가진 말씀의 검과 성령의 보증으로 승리했다.

피눈물의 호소를 들으시는 하나님

2009년 어느 주일 저녁 예배 때였다. 남편이 성경 읽기를 마치더니 저주를 시작했다.

"일본 놈들은 사람을 잡아먹는 식인종 놈들입니다."

물론 그들이 저지른 만행이 식인종에 비해 덜하다고는 할 수 없지만, 예배시간에 앞뒤 없이 욕설과 저주의 말을 쏟아내는 것이 정말 싫었다. 남편은 일본 제품에는 손도 대지 않았다. 그렇다 할지라도 목사가 강단에서 욕하며 저주하는 언행은 소름이 돋았다. 오만상이 일그러졌고, 예배 자리에서 뛰쳐나가고 싶었다.

그런데 남편의 욕설에 오만상을 찌푸리며 듣는 중에 다른 자각이 들었다. 위안부로 끌려간 어린 딸들이 짐승보다도 못한 놈들에게 유린당할 때의 그 참담함은 어찌 상상이나 할 수 있을까. 사실 나도 내가 겪지 않았기에 그 일에 관심조차 없었다.

'아, 이러한 피눈물에 무지하고 무감각한 것도 문둥병자네, 하나님은 이 문둥병을 치료하시려고 또 체외 충격파를 사용하고 계시네.'

하나님께서는 내가 그 어린 딸들의 호소를 듣고 그 피눈물을 닦아주는 일에 조금이라도 보탬이 되라고 하시는 것 같았다.

그다음 수요일에 일본 대사관 앞 집회에 찾아갔다. 그곳에는 불교계 인사와 수녀들 몇 명이 함께하고 있었다. 기독교계는 국민일보 차량이 와 있었지만 참여하는 인사들은 보이지 않았다. 일제강점기 때의 그 어린 딸들은 이제 할머니가 되셨다. 나는 그 할머니들께 다가가 손을 마주 잡았다.

"할머니, 죄송해요….."

다른 말은 할 수가 없어서 민망하게 서 있는데, 할머니께서는 괜찮다고 하시며 오히려 내 손을 쓰다듬어 주셨다. 그 손길이 참 따스했다. 돌아와서 그 일을 기도 제목으로 삼았다. 우리가 그들의 아픔과 눈물에 통분함으로 위로해 드리는 것이 우선일 것 같았다. 혹시 우리 후손들이 나처럼 잊고 무관심해 있다면 할머니들은 더 비참하실 수도 있을 것 같았다. 또 하나 반가운 소식은 위안부 문제를 〈귀향〉이라는 영화로 제작하기로 했다는 신문기사를 보았다. 내심 이 영화가 제작되어 할머님들께 위로를 건네는 조그만 열매가 될 것 같아 감사했다.

그런데 〈귀향〉을 후원하겠다는 곳에서 시나리오를 보고는 후원을 못 하겠다고 하여 후원금을 모집한다는 국민일보 기사를 보았다.

'그래, 이 영화는 조금이라도 할머님들을 생각하는 순수한 마음들이 모여 탄생하는 것이 맞다.'

함께 뜻을 모아 30만 원을 모금해 송금했다. 이 영화가 만들어졌다고 해서 할머님들의 무너진 일생과 아픔이 회복될 수는 없겠지만, 예수님의 보혈로 모두 치료되어 참된 자유와 위로가 넘치시기를 기도한다. 이 과정은 내게 역사의식을 갖게 한 최초의 행보였다.

예배를 잃어버리다

2009년 7월, 남편의 상태가 매우 심각했다. 주일 예배 설교를 듣는 일이 정말 싫었다. 16일 주일 설교는 욕설로 난무했다. 나는 속으로 부르짖었다.

'하나님, 너무 부끄러워요.'

더구나 사위까지 있는데 아이들 보기가 너무 민망했다. 성도들은 예배드리러 왔다가 은혜는커녕 도리어 바윗덩어리를 하나씩 가슴에 얹고 갔다. 그들을 쳐다볼 수가 없었다. 나는 기도로 견디어 낼 수 있으나, 성도들은 그렇지 못하니 안타깝고 괴로웠다.

요엘 선지자가 "내 하나님께 수종 드는 자들아 슬피 울지어다 이는 소제와 전제를 너희 하나님 전에 드리지 못함이로다 그들은 바벨론의 여러 강변에서 시온을 기억하며 울었도다"하는 상황에 처한 것 같았다. 하나님의 백성이 당하는 고통의 최고봉은 '예배를 잃어버리는 것'임을 절절히 깨달았다. 당해보기 전에는 미처 몰랐다.

특히 이 상황에서 아이들 보기가 제일 부끄러웠다. 아이들은 아빠가 돌아왔을 때 아무 보상도 바라지 않았다. 다만 20년 세월을 기도한 만큼 목사로서의 품격을 갖추었을 것이라 기대했는데, 난 이제 아이들 앞에서조차 얼굴을 들 수가 없게 되었다. 하나님은 나를 철저히 지렁이 같이 낮추셨다. 그동안 성령께서 이끄는 기도 외에 내가 한 기도는 한 가지였다.

"하나님, 부끄러움만 당하지 않게 해주세요."

하나님을 의지하면 부끄러움을 당치 않게 하신다는 말씀을 의지하여 살아왔다. 그런데 부끄러움의 절정이다.

"하나님, 이 예배의 고통에서 건져 주세요."

나는 처절하게 몸부림쳤다. 그러나 남편 설교의 강도는 갈수록 심해졌다. 하나님은 방관하시는 것만 같았다. 그리스도 예수의 마음을 품으라는 응답만 주어졌다. 그러다가 고통의 결과가 나타났다.

2010년 1월, 그동안 목사를 가장 옹호했던 가정이 교회를 떠났다. 남편의 증상은 설교 때만 그러는 것이 아니었다. 혼자 중얼거리는 일이 많았다. 누가 왔으니 대접해야 한다며 주방에 있는 그릇을 몽땅 동원하여 물을 떠서 의자 밑에다 늘어놓았다. 그 모습을 보며 어떻게 해야 할지 몰랐다. 구약에서 이스라엘의 상태를 보여주기 위해 호세야 선지자는 가정의 삶으로 보여주게 하셨고, 에스겔 또한 누워서 소똥으로 떡을 구워 먹으며 때로는 팔을 걷어붙이고 그들의 목전에서 온몸으로 그들의 멸망을 전달하도록 행동으로 보여주기도 했다. 하지만 그것은 구약에 나온 선지자들의 상황 아닌가.

남편에게서 조현병(정신분열병) 비슷한 증세가 보였다. 귀신 들린 자의 가족들이 겪는 고통이 어떤 것인지 알 것 같았다. 그 대가로 우리 가족과 네 명의 성도만 남고 모두 떠났다. 방주가 깨어져 침몰할 것 같았다. 모두 떠나도 남편은 꿈쩍도 하지 않았다. 오히려 자기 꿈에 멍석을 들어 탁탁 털었다고 하면서, 꿈처럼 털려 나가는 것이라고 했다.

어느 날 산책하다 무릎 연골이 손상된 적이 있었다. 다른 치료법에는 차도가 없었다. '체외 충격파'라는 기계로 무릎에 톡. 톡. 톡 충격을 주니 호전되어 다섯 번 만에 나았다. 남편은 만병의 큰 의사이신 하나님 손에 들려진 '체외 충격파 치료기'일 뿐이었다. 하나님은 그 충격파 기계로 내 중풍병과 문둥병을 치료하셨다. 그래서 지금은 그게 하나님이 하신 일임을 안다. 내가 예배를 위한 고통을 안고, 처절하게 몸부림치는 기도를 원하셨던 것이다. 예배를 잃는 것은 무덤의 세월 최고의 암흑이었다.

하늘에서 피 한 방울이 떨어지다

수요예배를 드리러 교회에 도착했다. 예배실로 막 들어가려고 문을 밀쳤다. 그런데 남편이 뒤따라 들어오는 집사의 뒷덜미를 잡더니 소리쳤다.

"이 도둑년, 뭐 훔쳐가려고 왔어?"

그러면서 밖으로 끌고 나가서 내동댕이쳤다.

"교회 나오지 마!"라고 소리쳤다.

그 순간 집사가 울며 말했다.

"나를 반석교회에서 나가라고 하면 병들어 누워 있는 엄마는 어떻게 하라고요."

그제야 남편은 움찔하면서 멈췄다. 그 어머니의 뇌종양을 남편 목사의 기도로 하나님께서 치료해 주셨다.

이제 교회 예배자는 나와 집사 두 사람뿐이었다. 남편은 강단으로 올라와 예배를 인도했다. 난 강단에서 쏟아지는 오물에 시험에 들지 않으려고 전심으로 집중했다. 예수님의 십자가 지신 말씀을 묵상하며 바라보았다. 그런데 하늘 높은 곳에서 이슬만 한 피 한 방울이 떨어지는 게 아닌가. 이 피는 속죄제의 피가 아닌 화목제의 피였다.

주일 낮 11시 예배 때였다. 예배 중 시험에 들지 않으려고, "믿음의 주요 온전케 하시는 이인 예수를 바라보자"라는 말씀만 꽉 붙잡았다. 그런데 강단 뒤로 십자가에 달리신 예수님이 계셨고, 십자가에 달리신 예수님 가운데로 길이 하늘 성소에까지 쫙 나 있었다. "그러므로 형제들아 우리가 예수의 피를 힘입어 성소에 들어갈 담력을 얻었나니 그 길은 우리를 위하여 휘장 가운데로 열어 놓은 새롭고 산길이요 휘장은 저의 육체니라(히 10:19~20)"라는 말씀과 일치했다.

그제야 하나님께서 나를 이 길로 이끄시려고 예배를 잃어버리는 고통 속에서 처절한 몸부림 가운데 부르짖게 하여, 내 마음의 휘장을 찢으셨다는 것을 깨닫게 되었다. 이 문제는 예배를 인도하는 사람이 아니라, 강단 밑에서 예배를 드리는 예배자의 태도에 관한 문제였다. 지금까지 인도자에게만 책임이 있는 줄 알았는데, 오히려 인도자의 문제는 새롭고 산길을 열어 하늘 성소까지 나가는 촉매였다. 강단에서 인도하는 목사는 더 이상 문제가 되지 않았다.

교회를 떠날 수 없었던 나로 하여금 예배자의 자리에 앉게 하여, 내 마음을 찢으시느라 남편을 통해 고함과 욕설을 퍼붓게 하셨던 것이다. 마음이 찢어지니, 강단의 사람 뒤에 서 계신 예수께서 십자가에서 찢기시고 흘린 피와 함께 새롭고 산길이 하늘 성소까지 열려 있었다. 강단에 임하던 불이 쪼개진 내 마음을 따라 강단 밑에까지 임했다. 그 날 이후 나는 잃어버린 예배를 찾았다. 대제사장이신 예수께서는 황소의 피가 아닌, 몸을 십자가 제단에 드려 진정한 화목제물이 되셨다.

> "하나님은 영이시니 예배하는 자가 신령과 진정으로 예배할지니라
> (요 4:24)"

하늘에 오르다

주께서 분노로 내게 채우셨음이니이다(렘 15:17)

진노의 포도주를 맛보다

새벽에 교회에 나와 기도하는 중이었다. 환상을 보거나 비몽사몽 상태도 아닌데, 하늘에 금이 가고 있었다. 그런 뒤 약 6개월쯤 지났을 때였다. 새벽에 기도하는 중에 몸이 부웅 뜨는 것 같은 느낌이 들었다. 높이 오른 것도 아니고 조금 올랐을 뿐인데, 내가 있는 곳은 하늘이었다. 하늘에 올랐지만 한 걸음도 떼어 놓지 못했다. 다만 그 자리에 납작 엎드려 머리를 숙였다. 멀리 중앙에 보좌가 있다는 것이 느껴졌다. 보좌에 앉으신 이가 하나님이시라는 것이 감지되었다.

그것이 전부였다. 그런데 그 후에 달라진 것이 있었다. 성경 에

스겔과 요한계시록이 꿀송이처럼 맛있게 읽혔다. 계시록 4장에는 "열린 하늘을 통해 하늘에 올라 하늘 보좌에 앉으신 이를 보았다" 라는 말씀을 시작으로, '보좌'라는 단어가 유독 많다. 보좌라는 말을 읽을 때 흥분이 되었다. 전에 에스겔서는 난해하기만 하고 읽기조차 어려웠다. 그런데 이제는 재미있게 읽혔다. 입신해서 천국을 보았다는 간증을 종종 들었지만, 나는 하늘에서 보고 들은 것은 없다. 다만 '하나님의 진노하심'을 알았다. '아, 하나님께서 진노하셨구나'가 아니라, 진노하심이 포도주 방울처럼 내 혀에 떨어졌다. 진노의 포도주를 혀끝으로 맛만 보았을 뿐인데, 포도주에 취하듯이 진노가 마음으로 퍼져 고통스러움이 나를 지배했다.

만약 범사에 감사함으로 나를 부인하는 삶을 살지 않았다면, 육체와 함께 그 정과 욕심을 십자가에 함께 못 박지 않았다면, 옛사람을 처리하는 과정을 견디어 내지 않았다면, 하나님의 진노의 포도주 방울이 떨어질 때의 고통스러움이 나를 지배할 때 어땠을까. 그것은 화산이 폭발할 때의 용암처럼 견딜 수 없는 진노였다.

후에 성경을 보니 예레미야 선지자는 "내가 기뻐하는 자의 회에 앉지 아니하며 즐거워하지도 아니하고 주의 손을 인하여 홀로 앉았으니 이는 주께서 분노로 내게 채우셨음이니다(예 15:17)"라고 하나님의 진노를 기록하여 놓았다. 또한 "누가 주의 노의 능력을 알며 누가 주를 두려워하여야 할 대로 주의 진노를 알리이까(시 90:17)"라고 쓰인 주의 진노에 대한 말씀들이 보이기 시작했다.

당시 청년부 예배를 인도할 때였다. 찬양 인도자가 '당신은 사랑받기 위해 태어난 사람'이라는 찬양을 불렀다. 그런데 그 찬양 가사가 내 안에 부어진 '진노의 감정'과 충돌이 되어 고통스러웠다. 이 진노의 고통을 안고 4년 정도 기도했다. 4년을 기도하니 안도감과 함께 평정이 찾아왔다. 이 글을 쓰는 지금에서야 예수께서 "만일 할 만하시거든 이 잔을 내게서 지나가게 하옵소서"라는 말씀의 '이 잔'이 바로 하나님의 진노의 잔이었다는 것이 깨달아졌다. 하나님의 진노를 아는 만큼 예수님의 구원의 은혜에 감사할 수 있다.

보좌 우편에 앉으신 어린 양은 왕이셨다

하늘에 올랐을 때 저 멀리에는 보좌가 있었다. 그 보좌 우편에 어린양이 계셨다. 눈으로 본 것은 아니다. 그렇게 깨달아졌을 뿐이다. 그 어린양은 왕이셨다. 그동안 예수님은 하나님의 아들로서 우리의 죄를 짊어지시고 십자가에서 죽으신 구원자, 대속의 주님이라는 데 초점이 맞춰져 있었다. 그런데 하늘에서 보좌 우편에 계신 어린양은 '왕'이었다.

예수께서 세례요한의 세례 후 성령 충만을 받고, 성령에게 이끌리셔서 마귀에게 시험을 받으셨다. 마귀가 천하만국을 보이며 "이 모든 권세와 영광을 내가 네게 주리라 이것은 내게 넘겨준 것이므로 내가 원하는 자에게 주노라(눅 4:6)"라고 했는데, 마귀의 말에 중요한 정보가 담겨 있음을 보게 되었다.

창조 시 하나님께서 아담을 이끌어 에덴을 다스리며 지키게 하셨을 때, 아담은 하나님을 마음의 보좌에 왕으로 모시고 에덴을 다스리는 청지기로서 있어야 했다. 에덴동산에서 선악과를 따 먹은 것은 불순종의 문제만이 아니라, 누구를 왕으로 섬기는가의 문제도 포함되어 있었던 것이다. 그러나 이미 사단에게 오염된 하와라는 소프트웨어를 내장했기에, 사단에게 장악되어 왕의 자리를 내어 주었다. 이런 전례 때문인지 신명기에는 "네 품의 아내라도 '다른 민족의 신을 섬기자' 라고 하면 가차 없이 그를 죽이라"고 하신 게 아닐까?

왕을 구하는 문제는 이스라엘 역사 속에서 반복되었다. 약속의 땅 가나안에서 백성들은 사사가 아니라 이웃의 다른 나라들처럼 왕을 세워 달라고 사무엘에게 요구했다. 왕을 세워달라는 요구에 사무엘이 난색을 표하자, 여호와께서 "이는 너를 버림이 아니요 나를 버려 자기들의 왕이 되지 못하게 함이라"라고 하시면서도 그들의 말을 들으라고 하셨다. 그리고 그들의 요구대로 왕들이 세워졌다. 그 왕정 하에 약속의 땅에서 나라가 멸망하였다. 이 멸망의 원인으로 호세아 선지자를 통해 "이스라엘아 네가 패망하였나니 이는 너를 도와주는 나를 대적함이라 전에 네가 이르기를 네가 왕과 방백 들을 주소서 하였느니라 그러므로 내가 분노함으로 네게 왕을 주고 진노함으로 폐하였노라"라고 한 말씀을 이스라엘에 국한

된 것으로만 알고 있었다.

나는 에덴에서도 그렇고, 사무엘 때에도 하나님께서는 능히 막으실 수 있는데, 왜 그냥 방관하셔서 그렇게 고난을 당하게 하시는가 하고 질문을 많이 했다. 그런데 2019년 6월 11일, 텔레비전의 한 프로에서 여행 작가를 초청하여 나누는 대화를 들으며 그에 대한 답을 얻었다.

"여행에선 길을 잃어버리는 것이 가장 여행을 잘 하는 비결입니다."

하나님 아버지는 길 잃은 여행자가 많은 착오를 겪으며 성장하는 방식으로 우리를 교육하신다는 걸 깨닫게 되었다. 누가복음 15장의 집 나간 둘째 아들은 길을 잃고 많은 고생 끝에 몸소 체득하고 나서야 스스로 깨닫고 길을 돌이켜 아버지 집으로 돌아왔다. 그 후에는 주인의식을 갖고 창조적인 삶을 살았을 것이다. 그런 아들에게 아버지는 기업을 물려주실 것이다.

하나님께서는 왕을 달라는 이스라엘 백성의 요구를 들어주심으로써, 그들이 자유 의지로 선택한 사람 왕을 직접 겪게 한 후 다시금 하나님을 선택할 때까지 기다리셨다. 그리고 때가 되자 말씀이 사람이 되신 어린양 예수를 왕으로 보내주셨다. 사실 나는 그 왕을 죽어서 가는 천국의 왕, 마지막 때에 오셔서 세상을 심판하시는 왕 정도로만 알고 있었다.

그런데 하늘에 오르는 체험 이후로는 다르게 깨달아졌다. 세상

나라에 새로운 왕을 세우셔서 하나님의 통치가 이 땅 곳곳에 미치게 하는, 즉 '뜻이 하늘에서 이뤄진 것 같이 땅에서도 이루어지이다'라는 주의 기도는, 그냥 기도문이 아니라 실제로 응답이 되어 그대로 나타내는 삶을 살아내는 것이 먼저라는 것이다. 내 마음의 보좌에 예수님을 왕으로 모셔 들이고, 왕의 통치에 순복하는 삶으로 열매 맺어야 아버지께서 영광을 받으신다는 점이다. 그뿐만이 아니라, 예수님을 대한민국의 왕으로 모셔올 때 이루어지는 영광이라는 지각이 열렸다. 이것은 대한민국의 정치체제를 바꾸는 걸 의미하는 게 아니다. 아담에게 주었던 자리를 아담이 뱀에게 넘겨줬고, 아담의 마음을 점령한 뒤 뱀은 땅을 차지했다, 세상의 보좌는 용에게 점령당했다. 그 자리는 용의 지배를 받아 짐승이 될 수도 있는 자리다. 그 용 마귀를 몰아내고 어린양이신 예수님께서 그 보좌에 왕으로 앉으셔서 통치하셔야 한다. 하여 나는 자주 이렇게 외쳤다.

"어린양 예수님, 대한민국의 왕으로 오소서."

그 마음의 보좌에 예수님을 왕으로 모신 이들과 각 분야에 성경적 가치관을 가진 사람들에 의해 시온 산이 세워져야, 뜻이 땅에서도 이루어진다는 주님의 기도가 열매를 맺는 것이다.

"나로 말미암아 왕들이 치리하며 방백들이 공의를 세우며 재상과 존귀한 자 곧 세상의 재판관들이 다스리느니라(잠언 8:16)"

내 마음 보좌의 왕은 누구?

히브리인들은 하나님께서 아브라함에게 약속한 땅으로 가기 위해 홍해를 건너 광야로 나왔다. 광야 생활 40년 만에 출애굽 1세대 중에서 여호수아와 갈렙 두 사람과 2세들인 20세 미만만 가나안에 들어갔다. 광야는 환경적으로 고통스럽다. 하지만 지도자인 모세를 통해 기적적인 문제 해결과 불기둥, 구름기둥으로 하나님의 임재를 목격했다. 약속의 땅에서는 불기둥과 구름기둥을 볼 수 없다.

가나안은 이미 일곱 족속이 살고 있다. 그들과 전쟁을 벌여서 짐승까지도 진멸해야 그 땅을 차지할 수 있다. 광야의 환경도 거칠고 고통스럽지만, 전쟁은 죽느냐 사느냐 목숨을 건 싸움이다. 이겨도 힘들지만 진다면 멸망이다. '가나안'이란 장소는 장례 때 부르는 찬송 가사 때문인지 몰라도 죽어서 가는 천국으로만 생각되었다. 그러나 하늘에 오르는 체험 후에는 가나안이 우리 마음의 영역이라고 이해가 되었다. 우리 마음 가운데는 일곱 족속과 같은 구습을 좇는 옛사람이 살고 있다. 이 옛사람과의 전쟁에서 내 마음의 보좌에 예수님을 왕으로 모셨는지 사단이 자리를 차지했는지를 분별할 수 없다면 승리할 수 없다.

뱀이 진화하여 용이 되었다. 바벨론의 왕을 통해 용이 꿈을 꾸고 있다는 것을 알 수 있다.

"너 아침의 아들 계명성이여 어찌 그리 하늘에서 떨어졌으며…네가 네 마음에 이르기를 내가 하늘에 올라 하나님의 뭇 별 위에 나의 보좌를 높이리라 가장 높은 구름에 올라 지극히 높은 자와 비기리라(사 14:12~14)"

하지만 바닷속 용궁에서 승천해 하나님의 보좌에 앉아 온 만물의 경배를 받는 목표가 실패하자, 사단은 사람의 마음 보좌에서 왕이 되었다. 그래서 사람 안에서 사단의 성품이 풍겨 나온다. 그 대표가 땅의 왕들이다. 왕의 입에서 나오는 말들을 들어보면 알 수 있다.

출애굽 때 바로는 "내가 뒤쫓아 따라잡아 탈취물을 나누리라 내가 그들로 말미암아 내 욕망을 채우리라 내가 내 칼을 빼리니 내 손이 그들을 멸하리라(출 15:9)"라고 말했다. 애굽의 또 다른 바로도 "너는 강들 중에 누운 큰 악어라 스스로 이르기를 내 이 강은 내 것이라 내가 나를 위하여 만들었다"라고 했다. 그들은 스스로를 높이다가 미약한 나라로 전락했다. 나는 '나여'를 사단의 보좌라고 표현한다. 두로 왕 역시 '나여'를 연발하고 있다. 그러나 모세는 "주께서 백성을 인도하사 그들을 주의 기업의 산에 심으시리이다 여호와여 이는 주의 처소로 삼으려고 예비하신 것이라 주여 이것이 주의 손으로 세우신 성소로소이다(출15:1~18)"까지 '주'라는 호칭을 22번 정도 사용하고 있다. 이처럼 내 입의 말과 중심을 말씀의 내시경으로 진단하는 것이 관건이다.

교회 공동체의 많은 문제는 '내가 중심이 되고 싶은 것'이다. 처음엔 모두가 하나가 되자고 했다. 나는 그 말을 믿었다. 하지만 뭔가 이상했다. 그런데 모두 '나에게 맞추라'는 것임을 알아차리는 데까지는 꽤 긴 시간이 걸렸다. 한번은 중학생인 막내가 이런 말을 했다.

"엄마, 우리 교회는 모두 분봉왕 같아 보여요."

입으로는 '주여' 했지만 행동으로는 '나여'하는 모습이 아이 눈에도 보였나 보다. 위대한 지도자 모세 때에도 분봉왕들의 반란이 일어났던 걸 보면 알 수 있다.

이스라엘이 가나안에 들어가서는 불기둥과 구름기둥 대신 여호와 하나님께서 여호수아와의 마음 보좌에 앉아 전략과 전술로 그들의 전쟁을 승리로 이끄셨다. 그런데 사무엘 시대에 와서는 하나님의 왕이 되심을 거절하고 사람을 왕으로 세웠다. 다윗처럼 하나님을 왕으로 모신 사람이 백성의 지도자가 되면 백성이 평안하다. 성경을 아는 것은 귀중하지만, 그 성경에 비추어 나의 상태를 알지 못하면 그 또한 사단이 가장 좋아한다.

나는 시장 근처에 살았다. 시장은 나를 점검하는 가장 좋은 장소다. 나는 식재료를 늘 조금씩 샀다. 처음엔 반갑게 맞아 주던 상인이 이내 인사도 하는 둥 마는 둥 별 신경을 쓰지 않았다. 그러나 구매력이 있는 손님은 대환영을 받는다. 시장은 적은 액수의 돈 때문에 경배하기도 하고, 경배받기도 하는 곳이다.

예수님은 왕이시지만 왕의 모든 소유를 청지기에게 위임하셨다. 청지기는 주인의 소유이기에 주인의 뜻에 맞게 써야 한다. 청지기는 자기 것이 아무것도 없다. 자기가 가진 것은 자기 것이 아니다. 자신조차 주인의 것이기 때문이다. 주인의 것을 내 것으로 안다면, 주인을 내 마음 보좌에 왕으로 모신 것이 아니다. 어린양이신 예수를 왕으로 모시고 예수님의 마음을 품어야만 가나안 땅 같은 마음이 회복되어 복 있는 사람이 된다.

우리는 복을 달라고 떼를 쓴다. 마음이 회복되면 믿음의 조상 아브라함처럼 복의 근원이 되어 복을 끼치는 사람이 된다. 나가도 들어가도 생명과 복이 펼쳐진다. 예수님을 왕으로 모신 사람은 어디에 가도 제 분수와 한계를 넘어서지 않는다.

내 안 막게다 굴에 숨어 있는 왕을 끌어내다

가끔 막내인 남동생과 만나 식사를 한다. 그 날도 식사를 하려고 만났는데 동생이 갈비탕 집으로 가자고 했다. 하지만 그 날은 고기가 싫고 채소가 먹고 싶었다.

"오늘은 채소 뷔페 집으로 가자."

동생과 채소 뷔페를 먹고 나오는데 동생 반응이 궁금했다.

"어떠니?"

"나는 그냥 날밤 하나 까먹은 것 같네."

순간 '아차' 했다. 동생은 평소에 육류를 좋아하는 식성이 아니다. 그런 동생이 갈비탕을 먹자고 했을 때는, 혼밥 생활로 균형 잡힌 식사를 못 해서 구미가 당겼던 것일 텐데, 내 입장에서만 생각하고 말았다. 그 순간 음식점에서만큼은 내가 왕이었다는 생각이 들며 정신이 번쩍 났다. 내 마음속 막게다 굴에 숨어 있던 왕의 정체를 전혀 몰랐다가 그제야 발견한 것이다. 그간 성도들과 식사할 때 난 의사를 분명히 밝히는 편이었다. 알아서 주문하라는 모호한 대답을 싫어했다. 의도한 바는 아니더라도 내 의사를 밝히다 보니, 메뉴는 항상 담임 전도사였던 내 위주로 선택이 되었다. 거기에 당뇨를 앓는 내 식이요법에 맞추다 보니 어느덧 나를 중심으로 돌아갔던 것이다. 이것이 막게다 굴에 숨어 있는 일곱 족속의 왕 중 하나였다. 성령께서 조명해 주심을 깨닫고는 동생을 불러 같이 갈비탕을 먹었다. 이 변화가 일어난 후 내 생각 위주였던 마음이 동생 편에서 조금씩 열렸다.

남동생은 대전 명문고 친구들 사이에서도 '천재' 소리를 들었다. 그런데 대학 3학년 때 신경증으로 학업을 중단해야 했다. 다른 사람이 보기에는 깊은 병으로 보이지도 않겠지만, 그 후 20년간 사회생활을 못했다. 그 세월을 클래식 기타와 영어공부를 조금씩 하며 버텨냈다. 생계는 어머니가 노점상으로 이어갔다. 나는 그 무덤 같던 동생의 세월을 가늠조차 못 했다. 형제들이 무심한 성격들인지라, 그런가 보다 하고 세심하게 살피질 못했다. 하지만 그건 무심한 내 성격 때문이 아니라, '나여'라는 막게다 굴에 옛 왕이 틀어막고 있어서였다. 이 왕의 목을 비틀고 나니 떠오르는 건 동생뿐만이 아니었다.

"내 사정은 여호와께 숨겨졌으며 내 원통함은 수리하심을 받지 못한다"는 사람들의 탄식이 미약하게나마 들려오기 시작했다. 마음의 눈이 열리자 보이기 시작했다. 무심한 성격이 아니라, 내 마음의 막게다 굴에 숨어 있던 가나안 족속들의 왕이 들보처럼 눈에 박혀 있었다. 뒤늦게 동생에게 그 세월을 어떻게 견뎌냈냐고 물어봤다.

민주주의 정치 제제에서는 왕 이야기가 와닿지 않았다. 왕이 아닌 나와는 상관 없는 줄만 알았다. 하나님은 왕이신 동시에 우리의 아버지시다. 누가복음 15장의 둘째 아들은 '내 아버지 집'을 생각하고 돌아왔다. 아버지는 그를 아들로 맞아 주셨다. 아들은 주인이다. 주인에게는 주인의식이 있다. 주인의식은 삶의 현장에서 몸으로 증명이 된다.

다리를 다쳐 치료차 정형외과에 갔다. 진료 시작 전이라 의자에 앉아 기다리고 있었다. 청소하시던 아주머니가 커피 한 잔을 내민다.

"일찍 오셨네요, 커피라도 마시면서 기다리세요."

무료하던 차에 받은 그 커피는 더욱 향기로웠다. 그 아주머니가 내게 커피를 제공하지 않아도 탓할 사람은 없다. 그분은 몸으로는 청소하지만, 마음은 주인 노릇을 하고 있다는 생각이 들었다. 그녀가 귀해 보였다.

"잇사갈 자손 중에서 시세를 알고 이스라엘이 마땅히 행할 것을 아는 두목이 이백 명이니(대상 12:32)"라는 말씀은 늘 속이 뻥 뚫리게 했다. 주인의식은 마땅히 행할 것을 아는 창조의 동력이다. 여호수아서의 가나안 전쟁은 우리가 치러야 할 마음전쟁의 병법서였다. 여호수아가 요단 동편을 점령할 때 하나님은 그 유명한 태양이 머물고 달이 그치는 전무후무한 역사로 그를 도우셨다. 막게다 굴에 다섯 왕이 숨자 큰 돌을 굴려 막아놓고 그 족속을 거의 진멸한 후, 그 왕들을 끌어내어 목을 발로 밟아 쳐 죽여, 숨었던 굴에 던질 뿐 아니라 큰 돌로 막았다. 숨은 왕이 보이지 않으니 승리한 것으로 보일 수도 있다. 숨은 왕은 언제든지 세력을 키워 다시 쳐들어올 수 있는 능력이 있다. 그러니 숨은 왕까지 끌어내어 목을 발로 밟아 굴에 던져 넣어 돌로 막아버려야 한다. 독사의 알은 독사가 된다.

그리스도 예수 안에서는 이러한 전쟁이 없는 줄 알았다. 나는 죄만 회개했지 죄의 근원인 가나안 왕들이 마음 안에 숨어 있다는 건 몰랐다. 그 왕들을 일거에 제거하는 것이 '지족하는 마음'이라는 걸, 큰아들의 삼천만 원 빚을 지고 구로하는 가운데 체득했다.

방주가 깨지다

　교회는 휘몰아쳐 온 강풍을 견디어 내지 못했다. 교회가 깨어져 침몰할 듯하자 성도들은 떠났다. 이 상황을 수습할 방법이 없었다. 남편은 아무것도 책임지는 것이 없었다. 하나님도 폭풍우를 방관하시는 것만 같았다. 이런 상황에서 나는 무엇을 해야 할까를 기도했다.

　'아, 맞다. 배가 침몰할 때 선장은 그 배에 남아 마지막을 그 배와 함께한다고 들었다. 나도 그 선장처럼 이 교회를 지켜야 한다.'

　후에 깨달은 것이지만 하나님께서 원하셨던 것은 바로 이 고백이었다. 책임은 하나님께서 지셨다. 교회를 지키는 핵심은 경제문제였다. 그래서 막내아들에게는 십일조와 그에 준하는 감사 헌금을 드리도록 권고했고, 딸에게도 온전한 십일조를 하도록 권고했다. 이 과정에서 우리 가정이 교회를 지키면 그게 복이라는 생각이 들었다.

　성도들이 떠나고 나니 시간적으로 여유가 생겼다. 그동안 교회 일에 몰두하다 보니, 주변의 사람들과는 완전히 담을 쌓고 살았다. 강아지 땡순이를 안고 공원을 산책했다.

　어렸을 때부터 난 사람에게 별 관심이 없었다. 동화책이 제일 재미있었다. 동화책을 읽을 때는 친구가 오는 것도 싫었다. 동물들도 눈에 보이니 보는 것뿐이지 전혀 관심이 없었다. 초등학교 시절 시골에서는 기본적으로 돼지나 닭을 키웠다. 어른이 계시지 않을 때는 아무라도 나서서 가축의 끼니를 챙기는데, 돼지가 굶거나 닭이 굶어도 나는 도통 관심이 없었다. 막내 여동생이 닭과 돼지에게 먹이를 주면서 말을 건네는 것을 이상한 눈으로 쳐다볼 뿐이었다.

어느 날 막내아들이 간청했다.

"엄마, 강아지를 키우는 것이 평생 소원이에요."

"어쩌니, 평생 소원이면 키워야지."

모처럼 허락을 해주어 아들이 강아지를 데려왔지만, 나는 별 관심이 없었다. 그러던 내가 강아지를 안고 산책을 하고 말을 걸었다. 주먹 만한 머리를 갸우뚱거리며 알아들으려 하는 듯한 모습이 영 특해 보였다. 그 모습에 홀딱 반했다.

땡순이는 남편이 집에 들어오면 나에게 달려와 마구 짖었다. 나보고도 반갑게 환영의 인사를 하라는 것 같았다. 몇 번을 그랬는데도 소 닭 보듯 하는 우리 부부를 보고는 고개를 갸우뚱거리더니 더 이상 짖지 않았다.

땡순이를 안고 있으면 사람들이 말을 건넸다. 처음 듣는 단어를 말하면, 고개를 돌려 저 말의 뜻이 무엇인지를 설명해 달라고 하는 듯 나를 쳐다보았다. 그리고 내가 설명해 준 단어는 다 기억하고 있는 듯했다. 땡순이를 안고 공원 의자에 앉아 있으려니 동물의 왕국이 펼쳐졌다. 소나무 위에는 까치들이 날아와 쉬고, 잔디밭에는 모이를 찾는 비둘기들이 구구거리고, 나무 덤불 속에선 고양이가 비둘기들을 공격하려고 몸을 잔뜩 도사리고 있었다. 고양이가 몸을 일으키려는 순간에 까치가 까악 깍 했다. 고양이가 한 발짝 떼기도 전에 비둘기들이 푸드득 날아올랐다. 고양이는 그야말로 닭 쫓던 개 지붕 쳐다보는 격이 되었다. 땡순이는 내가 자연계와 화목하게 하는 문이 되었다.

나는 낯선 사람과 잘 사귀지 못했다. 먼저 다가가는 경우는 없었다. 그런데 땡순이를 안고 있으면 사람들이 다가왔다. 처음 만나는 남자들과도 강아지를 주제로 대화를 나눌 수 있었다. 초, 중, 고 어린 세대와도 대화가 되었다. 땡순이는 세대를 뛰어넘어 대화를 나눌 수 있는 주제가 되어 주었다.

그러면서 노아처럼 이제 방주에서 나와야 하는 때라는 게 깨달아졌다. 하나님은 남편을 통해서 반석교회라는 방주를 깨뜨리셨다. 이제 하늘로 향한 하나의 문이 아니라 동서남북 12개의 문이 있는, 거룩한 성곽의 아름다운 신부 같은 교회로 세워져 가는 과정이 필요한 때였다.

남편의 시계가 멈추다

2017년 3월 10일을 끝으로 교회 벽에 걸려 있는 달력 속 숫자에 동그라미가 멈췄다. 남편은 삶이 멈추기 3년 전부터 계속 오늘이 며칠이냐며 물었다. 대답해 주면 달력에 동그라미를 그리기 시작했다. 그러면서 말을 덧붙였다.

"하나님이 평화의 마을로 이사 가라고 했으니 이사 가자."

황당했지만 말로써 바로잡을 일이 아니었다. 남편 입에서 "하나님이 하셨다"라는 말이 나오면 어떤 타협도 없고 어떤 의견도 통하지 않았다. 남편은 산에서 내려왔지만 집으로 들어오지는 않고 교회 사무실에서 거주했다. 이사 가자고 한 후에는 자신의 소지품을 다 포장해서 교회 계단에 내어놓고 들여놓기를 반복했다. 그 상황이 민망했다. 아이들도 우려의 눈길로 바라보았다. 그러면서 계속해서 평화의 마을로 가자고 종용했다. 그 말을 들으며 나는 속으로 구시렁구시렁했다.

'평화의 마을이 어디 따로 있나. 예수님 안에 있으면 어디든지 평화의 마을이지. 난 당신이랑 있는 것 자체가 반은 지옥인데, 당신 혼자 가면 난 평화다.'

이 일로 2년을 실랑이했다. 남편은 산에서 내려온 후 겨울에도 난방을 틀지 않았다. 산에서 혹독한 겨울을 견디는 데 이골이 나선지 실내가 덥고 답답하다고 했다. 그런데 2015년 겨울부터는 모든 난방 기구를 가동했다. 그 바람에 전기료가 30만 원 가까이 나왔다. 고지서를 보여주었다.

"전기료도 부담스럽고 전열기 과열로 화재의 위험도 있으니, 잘 때는 하나만 켜도 되지 않아요?"

그럼 남편은 엉뚱한 말을 하며 화를 냈다.

"전기세는 1,000원이면 된다. 북한에서 전기를 보내주는데 비싸게 받는다."

다른 방법이 없어 기도했더니 이 말씀을 주셨다.

"아무것도 염려하지 말고 오직 모든 일에 기도와 간구로 너희 구할 것을 감사함으로 아뢰라 그리하면 모든 지각에 뛰어나신 하나님의 평강이 너희 마음과 생각을 지키시리라(빌 4:6~7)"

이 말씀을 붙들고 겨울을 지냈다. "먼저 강한 자를 결박한 후에 세간살이를 끌어내라"라는 말씀을 읽을 때면, '아니, 살림도 안 하시는 예수님이 웬 세간살이지?' 하고 생각했다. 그런데 남편하고 전기 난방 문제로 하는 실랑이가 바로 세간살이 부딪치는 소리와 같다는 생각이 들었다.

2015년 겨울을 또 그렇게 씨름하며 보냈는데, 2016년에도 남편은 계속 평화의 마을로 이사 가자고 떼를 썼다. 언어 폭력은 견디면 되지만 물리적 폭력에는 생명의 위협을 느꼈다. 난 모든 위험 도구를 감췄다. 남편에게 시달리는 동안 8월이 왔다. 나도 지쳐 있었다.

"그래요. 평화마을에 따라갈 테니 앞장서요."

그런데 남편은 오후 2시가 되었는데도 움직일 기미가 없었다.

"왜 가지 않아요?"

그랬더니 직접 대답은 하지 않고 중얼거렸다.

"데리러 온다고 했는데 안 왔네."

그 후에는 이사 가자는 말을 하지 않았다. 2017년 새해가 되니 다시 평화마을 얘기를 꺼내면서 3월이면 데리러 온다고 했다. 3월 1일쯤에는 밥이 먹히지 않으니 금식을 하겠다고 했다. 금식 3일이 지나고 나는 죽을 쑤었다. 남편은 못 먹겠다고 했다.

"몸이 너무 아파. 산에서 힘들었던 것은 아무것도 아니야."

"그럼 병원에 좀 가봅시다."

남편은 거절했다. 3월 11일은 주일이었다. 남편은 달력에 동그라미를 그리지 못했다. 주일 밤 8시에 교회에 들렀다.

"이제 금식을 그만두세요. 돌아가실지도 몰라요."

평소에 40일 금식을 자주 했던 남편이 간신히 한마디했다.

"금식 좀 했다고 뭘…."

남편은 대수롭지 않게 여기는 것 같았다. 집으로 오려고 돌아서는데 남편이 뜬금없이 한마디를 툭 던졌다.

"당신밖에는 없어."

12일 새벽에 예배를 드리러 교회에 도착했다. 지하에 있는 교회로 내려가려는데, 남편이 얼굴을 하늘로 향하고 3개의 계단에 길게 걸쳐 누워 있었다. 깜짝 놀랐다.

"목사님, 목사님!"

남편을 부르며 몸을 흔들었으나 기척이 없었다. 119 구급대원이 확인하더니 이미 강직 상태에 들어갔다고 했다. 소생 가능성이 없다는 용어였다. 남편은 평소대로 금식하며 앉은 상태로 소천했다. 평화의 마을로 이사한다며 짐을 싸놓았기 때문에 뒷정리도 간단했다. 그제야 평화의 마을로 이사 가는 것이 바로 이 일이었다는 걸 알게 되었다. 본인도 이 땅에서 거주지를 옮기는 이사로만 생각했고, 나 또한 그렇게만 생각했다. 하나님은 알려주셨지만 우리는 못 알아들었다. 남편과 씨름할 때 한두 번은 남편의 발을 씻겨 볼까 하는 생각을 해본 적도 있었지만 실천은 하지 못했다. 만약 발을 씻겼다면 그 속에 감추어진 주의 영광을 볼 수도 있었을 텐데, 무엇을 놓쳤는지 알 수 없다는 것이 아쉽다.

남편

남편과는 네 번을 만난 후 동정심 때문에 결혼을 했다. 《화성에서 온 남자 금성에서 온 여자》라는 책을 제목만 읽었는데, 그 내용을 알 것 같다. 우리 부부가 그와 같은 상황이었기 때문이다. 결혼 10년 동안 하나에서 백까지 온통 달라서 매일 지진이 났고 혼란스러웠다.

갑자기 남편은 산으로 올라갔다. 남편도 처음엔 몇 달이면 되는 줄 알았다고 했다. 그런데 꼬박 20년이 걸렸다. 그 20년은 내게 '이 사람은 나와 다르다'라는 것을 깨닫는 데 필요한 세월이었다.

"나는 파란색인데 너는 왜 빨강이냐. 너는 틀렸다. 난 손인데 너는 왜 귀냐. 귀가 내 손하고는 다르다. 내 손과는 모양이 다르니 바꿔라."

그 10년은 캄캄한 절망이었다. 그 캄캄함이 남편과 환경 때문이라고 생각했다. 이 간증을 쓰면서 새롭게 인식한 것은 내 눈이 감겨 있어 캄캄했던 것을 환경 탓으로 돌렸다는 사실이다. 나를 나 되게 한 것은 오직 주의 은혜였지만, 나를 나 되게 하는 수단으로 하나님께서는 남편을 쓰셨다. 나는 하나님께 '왜요? 왜지요?'라는 질문을 했다. 그 질문에 하나님은 내가 직접 만져보고 체득하도록 응답하셨다.

최초의 질문이 생겼다.

"이방인의 충만한 수가 들어오기까지 이스라엘의 더러는 완악하게 된 것이다(롬 11:25)"라는 말씀이다. 이 말씀을 읽으면서, '아니 하나님은 전능하시다고 했는데 누가 넘어져 완악하게 되어야 충만해질까?' 하는 생각이 들었다. 이 말씀의 비밀은 잘 모르겠다.

내 눈에는 남편이 넘어진 걸로 보였다. 하지만 나는 남편 때문에 충만해졌다. 남편이 산에서 내려온 후 나는 옆에서 계속 지켜봤다. 남편은 에발산에 서 있고, 나는 그리심산에 서 있는 것 같았다. 구약의 에발산에 선 여섯 지파는 저주의 말씀에 '아멘'만 하면 되었다. 하지만 남편은 온몸으로 저주가 무엇인지를 보여주고 있었다. 성경에서 호세아 선지자에게 음란한 여인 고멜을 취하여 음란한 자식들을 낳게 하여, 이스라엘이 여호와를 떠나 크게 행음하였음을 보게 하셨다. 또한 에스겔에게는 누워서 소똥에 음식을 구워 먹으며, 북이스라엘과 남유다의 죄를 담당하는 걸 보여준 사례가 있기는 하지만 그건 구약시대가 아닌가.

어느 날 초등학교 동창을 30년 만에 버스 안에서 만났다. 그 친구가 먼저 나를 알아보았다. 가까이 지내던 친구이기에 너무 반가웠다. 인사를 하고 다른 친구의 소식을 주고받았다. 그런데 그뿐, 더는 할 말이 없었다. 30년의 공백을 메울 대화 소재가 없었다. 남편과도 20년의 공백은 대화를 끊어지게 했다. 만나면 어색했다.

그런데 내 입이 저절로 좌, 우, 위, 아래로 움직여지는 현상이 나타나더니 말문이 열렸다. 하지만 남편이 "너는 아니다"라고 선포한 후에는 내 입이 딱 다물어졌다. 내가 다문 것이 아니다. 입을 여닫는 것은 성령께서 주장하신다는 걸 체험한 것이다. 남편은 점점 혼자만의 세계로 빠졌다. 외부와는 전혀 소통을 하지 않았다. 그것은 성경의 가인이 지었다는 놋성과 같아 보였다.

거룩한 성은 동서남북 각각 4개의 문이 있고, 12개의 문이 열려 있다. 이는 늙어도 푸르고 청청한 모습과 백발이 면류관인 노년의 모습이다. 거기에 꽉 막혀 외로움의 놋성에 갇혀 있는 노년의 모습이 대조적으로 보였다. 놋성에 갇힌 외로움은 분노로 폭발했다. 그것은 마치 지뢰를 밟은 것 같았다. 지뢰를 밟으면 온몸이 산산조각 찢겨나간다고 들었다. 놋성에 갇힌 자의 분노는 그 인격을 산산조각 냈다.

분노조절 장애는 전두엽 치매 증상을 필두로 조현병, 과대망상, 환청, 의심 등 모든 정신병적 증상을 나타낸다고 한다. 물론 병원에서 남편에게 내린 진단은 아니다. 남편은 병원 가기를 극구 반대했다. 남편의 이런 모습 때문에 TV에서 나오는 의사의 말을 들으며 남편과 증상이 일치했다고 느낀 것이다.

하루는 새벽예배를 인도하고 있는데, 들어오더니 나를 죽여 버리겠다고 엄포를 놨다. 나는 강대상에서 내려다보았다. 바로 눈앞에 머리가 보였다. 순간 마이크 받침대를 들어 머리를 쳐 볼까 하는 생각이 들었다. 내가 한 생각에 나도 깜짝 놀랐다.

'아니지, 그러면 죽을 수도 있는데, 이건 살인이 아닌가?'

내 속에도 살인할 수 있는 가인의 유전자가 들어 있었다. 그런데 남편의 시계가 멈추기 전 마지막 열흘의 금식 때는 이런 증상들이 사라졌다. 떠나기 8시간 전에는 "당신밖에는 없어"라는 말을 남기고 그토록 소원하던 평화의 나라로 갔다. 남편의 마지막 증상들 때문에 나도 힘들었지만, 분노를 발하는 그 자신 또한 고통스러웠을 것이다. 어렸을 적의 나는 팔팔 뛰는 성격에 까탈스러웠다. 이런 나를 친정어머니는 안쓰러워하셨다.

"에고, 남의 속을 상하게 하려면 제 속은 더 상할 텐데…."

그러나 나는 내 고통을 감당하는 게 버거워 그런 생각까지 할 여유가 없었다. 남편을 보면서 더 근심스러웠던 것은, 저러다 구원에서 멀어지면 어쩌나 하는 생각이 들어서였다. 지금까지 기도의 끝이 불미스럽게 되면 아이들에게는 회복할 수 없는 상처를 주게 되고, 나 또한 마음이 무거운 상황이 벌어지기 때문이었다. 그런 복잡한 상황을 기도로 아뢰었더니 이런 말씀을 주셨다.

"하나님께서 하고자 하는 자를 긍휼히 여기시고 하시고자 하는 자를 강퍅케 하시느니라 남의 하인을 판단하는 너는 누구냐 그 넘어지는 것이 제 주인에게 저가 세움을 받으리니 이는 저를 세우는 권능이 주께 있음이니라(롬 14:4)"

남편의 갑작스러운 소천이 아쉬운 것은, 무대에서 '거룩한 성'을 그렇게 부르고 싶어한 남편의 모습을 유튜브에라도 올려놓았으면 위로가 좀 되었을 텐데 하는 미련이다. 그때 나는 단순히 남편이 노래를 부르고 싶어하는 것으로만 생각했는데, 놋성에 갇혀 있기에 거룩한 성을 그리워했을지도 모른다는 생각을 해봤다. 남편의 장례식에 온 조문객 가운데 평소 남편을 알았던 사람들은, 남편이 과연 구원을 받았을까 하고 의문을 제기하기도 했다. 그러나 나는 안다.

"당신밖에는 없어."

이 말은 하나님께서 그를 세우셨기에 그가 평화에 나라로 갔다는 증표이다.

당뇨병 친구

    충돌한 차 유리창이 깨지듯, 몸이 무너져 내리는 것 같았다. 머리카락이 가늘어졌고 많이 빠졌다. 피부는 얇아져 맨손으로 설거지나 세탁을 할 수 없었다. 길에서는 앞서간 사람이 내뿜은 담배 연기가 가슴을 할퀴는 것 같아 고통스럽다. 마치 몽유병 환자처럼 움직였다. 풍납동은 백제 왕궁터여서 문화재를 보존한다고 집을 부쉈다. 옆집을 허무는 먼지 때문에 1년간 기침을 해야 했다. 늘 피곤함 속에 살았기에 발병한 것도 몰라 병원에 갈 생각을 하지 못했다.

    공단에서 실시한 정기 검진 통지가 왔다. 검사 결과, 혈당 수치가 240인 중증 당뇨병이라 했다. 순간 '하나님께서 절제를 가르치시는구나' 싶었다. 약과 식이요법 처방을 받았다. 새벽마다 혈당을 체크했다. 매일 피를 본다. 피에는 그 사람의 삶이 다 내장되어 있다. 무엇을 먹었는지, 성질은 어떠한지, 병력은 어떠한지를 모두 알 수 있단다.

    예수님은 살과 피를 먹고 마시라 하셨다. 예수님의 피가 몸 밖으로 흘러나왔으니 마시라는 것은 이해하지만 살을 먹는다는 것은 무엇일까? 또 의문이다. 한때 몸무게가 75kg을 넘어 80kg을 향했다. 그랬는데 체중이 감소하기 시작했다. 2시간쯤 힘껏 부르짖고 나면 500g 정도가 빠졌다. '아, 기도로 다이어트를 하면 되겠구나!' 하고 내심 반겼다. 발바닥에서도 살이 빠져나가는지 발바닥이 얇아지면서 아팠다.

　그러던 어느 날, 기도로 빠지는 것은 지방이 아니라 근육이라는 생각이 들었다. 그러면서 예수님의 살은 십자가에서만 찢기신 것이 아니라, 그 공생애를 통해서 소모되셨을 거라는 생각이 들었다. 병 고치심과 기적은 권능만이 아닐 것이다. 몸이 녹으며 빛을 밝히는 촛불처럼, 예수님은 그런 희생 위에 십자가 사랑을 베푸신 것이다. 겟세마네에서 땀방울이 핏방울이 되어 떨어질 때 살도 녹아내렸을 것이다. 예수께서는 십자가에서 찢기신 당신의 살을 제자들의 손 위에 놓으셨다. 제자라면 그 살을 핏방울의 기도로 떼어줘야 하지 않았을까.

　기도로 지방이 빠지는 것이 아니라 근육이라는 것을 통찰한 후였다. TV를 시청하다가 당뇨의 발병 원인 중 하나가 '근육 감소'에 있다는 의사의 말을 들었다. 근육과 당뇨가 연관성이 있을 줄은 몰랐다. 그렇게 당뇨병은 내 친구가 되었다. 이 친구는 절제하고 나누어 먹는 것을 가르쳐 주었다. 예수의 피와 살을 조금이나마 통찰할 수 있었다.

　덤으로 동병상련에 처해 있는 많은 사람과 만나는 계기가 되었다. 환자들은 물론이고 의사들과의 만남을 통해, 나 스스로 만든 열등감의 벽이 무너져 내렸다. 내가 배우지 못했다는 것은 단순히 지식만 못 갖춘 것이 아니었다. 그로 인해 상처로 받아들인 내 열등감에 스스로 갇혔던 것이다. 어려서 본 만화 중에 유리 돔 안에는 귀족들만 살고 천민은 보호구역 밖 슬럼가에서 열악하게 사는 이야기가 있었다. 당뇨로 인해 못 배웠다는 열등의식의 슬럼가에서 벗어날 수 있었다. 당뇨병은 세상을 향해 나가는 또 하나의 문을 열어주었다.

알곡과 쭉정이

막내아들의 빚을 갚아가는 과정에서 아들과 통장을 공유하고 있었다. 통장을 정리하니 200백만 원 넘게 착오가 나는 것 같았다. 아들에게 물었다.

"감사 헌금 드린 만큼 마이너스로 누적돼 있어요."

아들이 볼멘소리를 했다.

"엄마는 네 빚을 갚으면서 단 한 번도 말 한 적이 없다."

그 말을 남기고 집으로 돌아오면서 아들에게 조금 서운했다.

'원인은 다 제 빚 때문인데…'

그렇기는 해도 그 빚은 복음의 핵심을 깨닫게 한 내 수업료였다. 감사함으로 받아들인 후에는 일언반구도 다시 꺼내지 않았다. 평소 교회 재정을 아는 막내는 십일조와 그에 준하는 감사헌금을 냈다. 만약 아들이 다른 교회에 출석했더라면 그와 같은 헌금을 못 했을 거라는 걸 알고 있다. 그런데 아들이 감사헌금을 온전한 믿음으로 드리지 못한 것은, 마치 벼가 익어 알곡이 되기 전의 상태와 같다는 것이 깨달아졌다. 벼이삭이 여물어 껍질을 벗기면 쌀이지만, 이삭일 때는 뽀얀 쌀뜨물 같은 상태다. 이때 참새가 날아와서 쪽 빨아 먹으면 쭉정이가 된다. 아들의 볼멘소리는 바로 참새가 벼이삭을 빨아먹으려는 징조였다. 화들짝 놀랐다. 아들에게 깨달은 것을 전했다.

"그때는 온전한 믿음이 덜 익은 벼이삭 같은 단계였으나, 지금 이후로는 감사헌금을 드릴 수 있었던 것에 감사하자. 벼이삭에 감사로 채워 통통한 알곡으로 만들자."

성령이 인도하시는 점진성에 경외감이 들었다. 막내의 빚은 복음을 확실하게 체득케 했다. 그것을 바탕으로 알곡과 쭉정이, 즉 이삭이 어떻게 알곡으로 여물게 되는지에 대한 신앙 이성이 단단해졌다.

그뿐이 아니었다. 또 하나의 이삭을 참새에게 내줄 뻔했다. 신혼 초에 천호동에 있는 조그만 교회에 전도사로 부임했었다. 어느 날 갑자기 머리가 깨어질 듯이 아팠다. 남편에게 약 좀 사다 달라고 부탁했다. 그런데 남편은 약 사러 갈 생각은 안 하고 같이 밖으로 나가자고 했다. 천호동은 1975년경만 해도 농경지였다. 그 논두렁을 걸어서 성내천을 지나 잠실 뚝방에 도착했다. 잠실은 황량한 모래벌판이었다. 아파트 기둥을 박는 소리가 쿵쿵 들려왔다. 그 뚝방에 다다른 순간에 남편 입에서 방언이 터져 나왔다. 그러더니 잠실에 교회를 구하라는 응답을 받았다고 했다. 난 남편이 받은 응답을 같이 받지는 못했지만, 다행히 깨질 듯이 아프던 머리가 싹 낫기는 했다.

남편은 3년 동안 100일씩 돌며 교회를 세울 수 있게 해달라고 기도했다. 난 억지로 끌려 다녔다. 믿지 못했기 때문이다. 그리고 45년이 지난 지금까지 그 기도를 잊고 있었다. 모래벌판이던 잠실에는 롯데타워가 휘황찬란한 빛을 뿜어내며 장관을 이루고 있다. 또 내가 어렸을 적 보았던 만화 속 미래의 도시가 마치 현실이 된 듯, 회색빛 고층아파트가 숲을 이루고 있다. 이제야 그 응답이 생각났지만, 현재 우리는 그곳에 바늘 하나 꽂을 땅도 없다. 감히 우리 형편엔 손이 닿을 수 없는 곳이다. 그런데 아들과 마주앉아 알곡과 쭉정이에 대한 나눔을 하고 난 후에 불현듯 그런 생각이 들었다.

'그래, 잠실은 하나님께서 약속하시고 구하라고 하셨지. 우리가 구한 것은 아니야.'

그 당시 나는 그런 깨달음도 없었고, 남편이 말한 약속을 믿지도 못했다. 당연히 기도도 하지 않고 그 응답을 던져 버렸다. 세상 사람들은 하나님 없이도 빌딩의 숲을 이루어 놓았지만, 우리는 바늘 하나 꽂을 땅이 없을지라도 하나님의 약속을 믿어야 한다. 그러나 나는 그 약속을 쭉정이로 만들어 하마터면 바람에 날릴 뻔했다. 일을 행하시는 여호와, 그것을 지어 성취하시는 하나님을 믿어야 한다.

사실 그때 교회를 주셨어도 양 무리를 인도할 지팡이나 먹일 양식도 준비되지 못했었다. 하나님은 우리에게 한 약속을 잊으신 게 아니었다. 그 약속을 감당할 역량을 키워주셨다.

PART 7

약속의 땅

내 종 모세가 죽었으니 이제 너는 이 모든 백성과 더불어 일어나
이 요단을 건너 내가 그들 곧 이스라엘 자손에게 주는 그 땅으로 가라(수 1:2)

2세들과 약속의 땅으로 가라

남편이 평화의 마을로 이사 가자고 매일 위협을 가할 때였다. 같이 기도하는 집사에게, 그래도 기도를 못 하게 막지는 않으니 감사하지 않느냐며 견뎌내고 있었다. 한편 아이들의 신앙이 답보 상태에 머물러 있는 것이 답답했다. 아이들을 위한 기도를 해야겠다는 생각이 들었다. 늘 기도했지만 특별히 아이들을 위한 기도는 별로 하지 못했었다. 이제 내 아이들의 믿음의 진보를 위해 죽으면 죽으리라는 마음으로 기도해야겠다고 마음을 다잡았다.

성경을 읽을 때마다 부딪히는 게 있었다. 사도 바울이 빌립보 성도들을 향해 "만일 너희 믿음의 제물과 봉사 위에 내가 나를 관제

로 드릴지라도 기뻐하고 기뻐하겠다"라고 한 말씀이었다. 나는 우리 교회 성도들을 위해서는 이렇게까지 할 수 없다고 생각했다. 그런데 아이들 믿음의 진보를 위해 '죽으면 죽으리라'라고 기도해야겠다는 결단이 섰다. 내가 생각한 믿음의 진보는 사람들의 눈에 보이는 교회 생활을 충성스럽게 하는 것이었다. 그때 기도하는 중에 성령의 인도하심이 있었다.

> "내 종 모세가 죽었으니 이제 너는 이 백성으로 더불어 일어나 이 요단을 건너 내가 그들 곧 이스라엘 자손에게 주는 땅으로 가라(수 1:2)"

하늘에 올라 하나님의 보좌와 하나님의 진노하심을 맛보았다. 또 예배를 잃을 것 같은 상황에서, 강단에 세우신 사람 뒤에 예수님께서 십자가를 지고 서 계신 그 가운데로 새롭고 산길이 하늘 성소까지 열려 있음을 신앙 이성으로 체득했다. 이 진리가 개인적으로 이루어지는, 감히 상상조차 할 수 없었던 체험도 얻었다. 내가 기도로 구할 수 있는 영역도 아니고, 기도해야 하는 줄도 몰랐다. 단 1%도 내 마음 생각 안에는 없다. 나는 마땅히 빌 바를 알지 못하였지만, 오직 성령이 말할 수 없는 탄식으로 하나님의 뜻 가운데서 주신 은혜였다.

안타깝게도 주의 은혜로 주어진 것에는 약점이 있었다. 내가 먹은 것은 그 맛을 나만 알 수 있고 내 배만 부른 것과 같다. 또한 볼 수 없는 사람에게는 그 색감을 알려줄 수 없다는 한계가 있다. 그런데 요단을 건너라는 말씀과 함께 성령께서 강력하게 잡아 주었다. 기도가 펑펑 올라가면서 그동안 답답했던 가슴이 시원해졌다. 약 1년 정도 이런 기도가 나왔다. 기도회 시간에는 어쩌다 내 손목과 손등을 보고 깜짝 놀라 같이 기도하던 집사에게 말했다.

"이 집사, 이것 좀 봐. 손목과 손등에 깊은 골이 파였네."

그랬더니 집사도 깜짝 놀랐다. 덕분에 눈꺼풀에 볼록했던 지방도 함께 사라졌다. 그 후유증으로 2년 동안은 집에서 교회, 5분 거리인 시장만 간신히 다녔다. 해산한 산모의 몸 상태와 같은 후유증이 뒤따랐다.

그 기도 후에도 나는 여전히 아이들의 가시적인 신앙생활에 변화가 있기를 바랐다. 하지만 응답은 '요단을 건너라'였다. 곧 그 새롭고 산길에 관한 떡이 오직 주의 은혜로 내 손에 쥐어주셨던 것이라면, 눈꺼풀의 지방도 사라지게 했던 그 기도는 말씀을 떡으로 떼어 2세들의 손에 놓아 주어야 한다는 것을 알게 되었다. 내게 은혜로 주신 것은 다음 세대를 이끌 수 있는 지팡이요, 나침반이며 내비게이션이었다. 요단강을 여는 열쇠는 목숨을 내놓는 기도였다.

박 넝쿨 그늘에 앉아

김 권사가 찾아와 대뜸 물었다.

"안식과 안주의 차이를 설명할 수 있나요? 전도사님이 설명해 주세요."

"본인 스스로 찾으세요."

그런데 이 질문이 주께서 나에게 하시는 질문인 줄 전혀 몰랐다.

월세 35만 원을 내야 하는 문제 때문에 주민센터에 주거복지 신청을 했다. 서류를 준비하는 과정에서 큰아들이 3,000만 원의 빚을 지고 있다는 것을 알았다. 작은아들이 빚졌을 때는 조그만 목소리로나마 "그래도 감사하자"라고 했는데, 웬일인지 지금은 감사하자는 말이 나오지 않았다. 큰아들은 교회에서 전도사 임명을 받았지만 사례비는 전혀 받지 못했다. 그 애로서는 빚을 갚을 능력이 전혀 없는 상태였다. 내 생애에서 세 번째 만나는 빚이었다. 이제는 버겁다는 생각이 들려 했다. 그뿐 아니라. 작은아들이 이 문제를 어떻게 생각할까 하는 생각까지 갖가지 걱정들로 며칠간을 부대꼈다. 이러한 나를 보면서 왜 감사를 못 할까 살펴보기 시작했다.

지하상가를 분양받아 교회를 이전했을 때 등기는 내 이름으로 되어 있었다. 내 이름으로 등기가 된 후에는 그래도 어려움이 있을 때마다 한 움큼의 눈뭉치 노릇을 했다. 그 눈덩이를 굴려 작은아들의 빚을 갚았고, 가정경제의 윤활유가 되어 주었다. 한 줌의 눈덩이도 없는 상태는 마치 기름 한 방울도 치지 않아 부딪쳐 깎이는 톱니바퀴 같은 고통이었다. 목사의 가정이라 개인적으로 돈을 빌릴 수도 없었다.

지나고 보니 분양받은 지하상가가 이런 폭양을 가려주는 박 넝쿨 한 잎은 되었던 셈이다. 그런데 지금은 이 한 잎조차 말라서 없어질 지경이니 감사가 나오질 않았다. 섬기던 교회 규모는 성도가 20여 명 정도였다. 나는 교회의 기능 중 하나를 '미꾸라지를 세척하는 양동이' 같다고 표현하곤 했다. 시골에서는 미꾸라지를 잡으면 양동이에 넣고 소금을 확 뿌린다. 소금 세례를 받은 미꾸라지들은 요동치며 뒤엉켜 돌아간다. 그러고 나면 진흙이 깨끗이 벗겨진다. 하나님은 세상이란 땅속에 파묻혀 살던 인생들을 건져내어 교회라는 양동이에 넣고 서로 부딪히게 해서 세상 때를 벗겨내신다.

목회에 몸담으면서 처음에는 설교의 짐이 태산 같았고, 그다음에는 부족한 인적 자원을 가지고 교회 기능을 살리려니 행정의 짐이 무거웠다. 9월이 되면 또 다른 가을 스트레스에 시달렸고, 성도들 간에 생긴 갈등의 짐 또한 쉽지 않았다. 성도들은 떠났고, 남편도 떠났다. 오히려 짐이 없는 이 상태가 편했다. 부흥은 40년 동안 안 되었기에 아예 접었다. 아니 부흥이 된다 해도 그 짐들을 다시 질 의욕도 없었다.

내 기도 자리는 피아노, 컴퓨터, 책상이 둘러 있었다. 내 취미에 딱 맞았다. 어떤 소욕도 일지 않았다. 한 잎의 박 넝쿨 그늘에 앉아 "주여, 보낼 만한 자를 보내소서(출 4:13)"라고 했던 모세의 심정을 조금은 알 수 있었다. 하나님은 그런 나에게 벌레를 보내셨다. 요나는 니느웨성에 선포라도 하고 앉아 있었지만, 난 아무것도 하지도 않고 박 넝쿨 그늘에 앉아 안주하고 있었다. 하나님은 내가 박넝쿨 그늘에 앉아 안주하고 있는 걸 깨닫게 하시려고 '빛'이라는 벌레를 보내 박 넝쿨을 갉아 먹게 하셨다.

첫사랑 회복을 위하여

아이들 믿음의 진보를 위해 생명을 내어놓고 기도하자고 결심하자, 하나님은 이 결심의 기도에 기름을 부으셨다. 약 1년 동안 부르짖는 기도가 펑펑 올라갔다. 이러한 기도 자체가 내겐 행복이었다. 그런데 갑자기 걸음을 걷는 것이 버거웠다. 동시에 너무 추웠다. 목욕탕에 가서 뜨거운 물 속으로 들어갔는데도 추웠다. 옷은 왜 그리 무거운지, 모든 것이 다 무거웠다. 그러다가 넘어져 발목 골절로 수술도 세 번이나 했다. 척추도 아팠다. 의사가 척추가 흔들린다고 했다. 내 상태가 왜 이러나 했는데 이 모든 건 근육이 소실되어 일어난 증상이었다.

그 상태에서 생긴 큰아들의 빚이 믿음의 근육을 소실케 할 것만 같았다. 이번에는 '강한 바람'이 아니라 '빛의 쓰나미'였다. 물론 이 빛을 통해 '안주'에서 벗어나 '안식'으로 인도하시는 것을 깨닫게 되어 감사하고 있지만, 실제 감당해야 하는 상황에서는 자꾸만 약해지려 했다. 믿음의 척추까지 흔들리려 했다.

이 빚더미 문제는 이 간증 사례들을 쓴 상황에서 발생했다. 간증

모음을 책으로 출간하고 싶어 쓰고는 있지만, 오르지 못할 나무에 오르려는 것 같았다. 많이 부족하고 어설픈 표현이지만 온 힘을 들여 쓰고 있었다. 그런데 빚 문제 때문에 마음이 흔들리면 이 간증을 쓸 힘이 빠져 써내려 갈 수 없을 것만 같았다. 꼭 머리 깎인 삼손 같다는 생각이 들었다. 이 일은 터를 흔들 수 있는 문제였다. 순간 불안해졌다. 성령께서는 기도로 도우셨다. 기도가 힘 있게 될 땐 안정이 됐다. 이런 내 상태를 관찰하면서 '왜 흔들릴까?' 하고 관망했다.

첫사랑이 식은 것 같았다. 남편이 교회와 가정을 버리고 산으로 가는 바람에 어쩔 수 없이 전도사의 길에 들어섰을 때도 확신이 없어 숱하게 저울질을 했다.

'어쩌다 내가 이 길로 들어서기는 했는데 끝에는 무엇이 있을까? 만약 복 받을 줄 알고 갔다가 아닐 수도 있고, 성공하려고 따라갔는데 아니면 돌이킬 수도 없다. 이 길을 보니 성공을 기대하고는 못 따라갈 것 같다.'

'그래도 예수님을 따르다가 망하고 죽는다면 좋겠다'고 내 마음을 확정했다. 그 이후 순간순간을 '죽어도 좋고, 망해도 좋다'고 외치며 견뎌냈다. 그런데도 지금은 박 넝쿨 한 이파리가 시들까봐 떨고 있다. 하나님께서 주신 박 넝쿨인데도 말이다. 다시 한 번 더 이 첫사랑의 고백인 '죽어도 좋고, 망해도 좋다'는 속사람의 성장호르몬을 분비하여 믿음의 근육을 지키고 키워야 하겠다.

시편기자가 "하나님이여 내가 늙어 백수가 될 때에도 나를 버리지 마시며(시71:9~18)"를 읽으며 '아니 어려서부터 믿었으니 당연히 늙어서도 잘 믿을 텐데 왜 기도를 하지' 했는데, 늙으면 속사람의 믿음 근육도 소실될 수 있다는 것을 체득했다. 겉사람은 후패하지만 속사람은 늙어도 푸르고 청청한 종려나무처럼 살아내기 위해 기도를 해야겠다.

네가 아니고 나다

성령의 인도하심을 따라 기도는 하고는 있지만, 영적인 것이 무엇인지를 잘 모르겠다. 성령께서 인도하는 기도에는 별 내용도 없다. 그저 "주여, 주여!" 부르짖는 것과 가끔 방언이 터져 나오는 것이 전부다. 한데 '주여'를 부르짖고 나면 하루를 견딜 수가 있었다. 부르짖는 덕분에 목은 항상 쉬어 있었다. 말을 할 수가 없어 답답했다. 전화 통화는 더욱 더 난감했다. 거의 말을 못 하고 살았다. 그런데 쉬어 있던 목이 트이고 말이 나올 때가 있었다. 내 깨달음이 성령께서 인도하는 방향과 일치할 때이다.

내 설교 준비는 바구니를 가지고 산에 가서 일주일 동안 '주여'를 외치는 일이다. 그러면 광주리에 말씀의 떡을 채워 주셨다. 주일이 되면 그 광주리에 담긴 만큼 쏟아놓는 형국이었다. 큰 소리로 재빨리 쏟아내다 보니, 금방 빈 광주리 같은 느낌이 들었다. 처음에는 왜 그렇게 해야 하는지 나도 알 수가 없었다. 나중에서야 내 생각을 덧칠하지 못하게 하시는 것임을 눈치챘다.

　심방을 갔다가 집에 들어서는데 아이가 그림을 그리고 있었다. 그 속에서는 88열차가 돌아가고 있었다. 그것을 보면서 오랫동안 지워지지 않았던 의문이 확 풀렸다. 솔거가 그린 소나무 벽화가 마치 살아 있는 나무 같아서 새들이 날아와 앉으려다 떨어져 죽었다는 일화가 떠올랐다. 당뇨병이 발병할 무렵엔 몸이 와르르 내려앉는 것 같았다. 반은 몽유병 환자같이 움직였다. 설교하려고 단에 설 때는 강대상을 붙들고 간신히 지탱했다. 그런데 말씀을 전하려고 입을 열면, 고함치듯 폭포수처럼 힘차게 쏟아져 나갔다. 이런 나를 보면서 여섯 살짜리 외손녀는 두 손을 들어 좌우로 마구 흔들었다. "할머니, 할머니는 '아, 아, 아' 한다"라고 해서 웃었다.

　산에서 큰 소리로 부르짖는 기도를 하다 보면, 등산하는 사람들이 지나가면서 핀잔을 주었다.

　"하나님이 귀가 먹었나. 왜 시끄럽게 떠들어."

　때로는 그리스도인들조차 "하나님은 이미 다 아시는데, 굳이 큰 소리로 기도하느냐"며 의문을 제기하기도 했다. 나도 모르겠다. 내 문제가 우주보다도 더 무겁게 느껴지니 큰 소리라도 외치지 않으면 폭발할 것 같았다. 하나님께 드릴 것이 아무것도 없으니, 내게 있는 목소리로 기도하고 찬양할 뿐이었다. 내 힘으로는 1을 드렸을 뿐인데 성령께서 기름을 부으시니 100의 힘으로 나갔다. 기도와 설교 가운데서 큰 소리로 외치는 것은, 나와 성령을 확실하게 구분하여 분별하도록 하는 하나님의 전략이셨다. 큰 소리로 외치는 것은 하나님 때문이 아니고 나 때문이었다. 부르짖는 기도는 "네가 아니고 나이다"를 하나님께서 확실하게 선을 그어주시는 핵심인 것 같았다.

남편과 결혼을 약속하고, 전도사와 결혼한다고 했더니 주변 권사님들이 말렸다. 나는 전혀 사모감이 아니라고 했다. 내가 생각해도 사람에게 고분고분하거나 친절한 것이 없으니 나와 안 어울린다는 충고는 지당했다. 나는 말도 어눌했기에 "하나님, 왜 나예요?"를 달고 살았다. 게다가 20년이나 기도하고 내려온 남편이 보여준 모습은 아이들 앞에서조차 고개를 들 수 없는 부끄러움 그 자체였다. 고개도 못 들게 하시며 이예 나를 짓밟으시는 깃만 같았다.

그러나 이제는 안다. 내 안에는 선한 것이 전혀 없다. 성경에 있는 말씀을 알고 있다고 해도 성경에 있을 뿐이지 내 안에 있는 것이 아니었다. 말씀이라는 예수의 살을 고난의 쓴 나물과 함께 먹을 수 있도록 성령께서 기도로 도우셨다. 내가 기도를 한 것이 아니라 저절로 기도가 되었다. 때로는 기도의 짐이 변비와 같은 괴로움으로 느껴졌지만, 성령으로 "주여, 주여!" 하는 기도가 터져 나오면 쾌변처럼 시원했다. 이 기도의 주체가 내가 아니라는 증거다.

그러면서 나는 영적 전쟁에서 승리한 줄 알고 착각에 빠져 있었다. 사단의 보좌인 '나여'가 숨어든 것을 모르고 있었다. 경계 대상 제1호가 나인 줄은 알고 있었지만, 안다고 되는 것은 아니었다. '나'

는 여리고성처럼 무너뜨려야 하는 대상이었다.

내 여리고 성은 냉장고였다

고부 갈등을 다루는 TV 토크쇼를 시청했다. 주제가 며느리 집의 비밀번호를 아느냐 모르느냐였다. 그중 한 시어머니가 툴툴거렸다.

"번호를 알려주면 며느리 집에 가서 청소도 해주고 냉장고도 정리해 줄 텐데, 알려주지 않아요."

그 말을 들으면서 '저 시어머니는 하지 말아야 할 일을 하고자 하네. 나 같아도 번호를 알려주지 않겠다'라는 생각이 들었다.

동생이 왔다. 냉장고를 열어 음료수를 마시고 있는 동생의 행동이 어쩐지 달갑지 않았다. 별일도 아닌데 내가 왜 달가워하지 않을까 의문이 들었다. 살펴보니 내게 냉장고는 단순히 음식을 저장하는 곳이 아니었다. 내 분신이었다. 그곳에는 내가 투영되어 있었다.

내 마음에 예수님을 왕으로 모셔 들였는데, 쫓겨난 이 세상 임금이 무화과나무 뒤에 숨은 아담처럼 냉장고로 숨어들었다. 옛날 시어머니들은 곳간 열쇠를 쥐고 권력을 행사했다. 난 곳간도 못 되고, 조그만 냉장고다. 하지만 그곳은 단순히 저장고만이 아니라 내가 그곳에 있었다. 하나님은 '나여'하는 사단의 보좌가 냉장고로 숨은 것을 통찰할 수 있는 분별력을 주셨다.

내게 2세들을 데리고 가나안으로 들어가라는 말씀이 주어졌을 때, 가나안의 전쟁을 아이들 마음의 회복으로만 생각했다. 그러나 아이들이 아니라 내 전쟁이 먼저였다. 이 상황이 무엇일까 하여 의문이 들었는데, 역시 성경에 해답이 있었다. 여호수아가 정탐꾼이되어 가나안 지경을 두루 밟고 다니며 보고는 왔지만 가나안에서의 전쟁은 시작하지 않은 상태였다. 후에 2세들과 함께 들어가서 전쟁을 수행할 때 여호와 하나님께서는 전략과 전술을 여호수아에게 알려주셨다. 나도 가나안을 정탐했지만 전쟁을 한 것은 아니었다. 나 자신의 전쟁을 경험해야 전략과 전술을 체득할 수 있다는 것을 깨달았다. 그 전쟁의 대상인 '나'가 부하들을 다 잃고 냉장고에 숨어 있었다. 자칫하면 승리한 줄로 착각할 수 있는 부분이다.

예수를 따랐던 사람들이 왜 적그리스도가 되어 하나님의 자리에 앉아 경배를 받는지 늘 궁금했다. 그런데 패잔병이 되어 막게다 굴에 숨어 들어가 있는 자아를 처단하지 않으면, 사망이 부활하여 짐승도 되고 거짓 선지자도 되고 음녀도 될 수 있다. 성령께서는 부르짖는 기도와 설교를 통해 늘 '네가 아니고 나다'라는 것을 주지시켰다. 하지만 알고 있는데도 틈만 있으면 '음, 나도!' 하려는 독사의 알이 터져서 독사가 나오려 한다. 그때마다 튀어나오는 독사 같은 생각을 잡아내어 이를 고백했다.

아간을 처단하라

출애굽한 이스라엘이 여호수아와 함께 난공불락인 여리고성을 취한 뒤에 자신감이 붙어 기도할 것도 없이 아이성을 취하려다 실패했다. 백성의 마음은 녹아 물 같이 되었다. 여호수아가 엎드려 기도하자 이 실패의 원인이 아간 때문임을 알려주셨다. 아간은 바친 물건과 함께 바쳐졌다. 신약에서도 교회가 출발하는 지점에서 아나니아와 삽비라가 땅 판 값을 반은 감추고 전부라고 속이는 사건이 있었다. 이때 베드로 사도가 "땅이 그대로 있을 때에는 네 땅이 아니며 판 후에도 네 임의로 할 수가 없더냐 어찌하여 이 일을 마음에 두었느냐(행 5:1~11)"라고 책망했다.

우리 옆집에는 한 손에 장애가 있는 아주머니가 정신 지체아들과 함께 살고 있었다. 사회복지 혜택을 받고는 있지만 재활용품을 수거하여 팔아 살림에 보태고 있었다. 그 수레를 우리 집 담에 세워 놓았다. 나는 값이 저렴한 것은 그 수레에다 갖다 놓았다. 그 아주머니는 고맙다고 했다. 하지만 값이 좀 나가는 것은 내가 직접 팔았다. 아예 아무것도 주지 않았으면 고맙다는 말은 듣지 않을 텐데, 내 안에 있는 이중적인 태도가 늘 찜찜했다. 그런데 이 일 때문에 내 안에 숨은 아간, 아나니아, 삽비라를 발견했다. 이중적인 이 행동이 아간이요, 탐심이었다. 나는 탐심과 마주 서기로 했다. 그때부터 재활용품이 생기면 그 수레에 다 갖다놓았다. 그곳에서 이사하기까지 모든 것을 가져다놓았다.

일상의 가장 작은 곳에 '탐심'이 숨어 있었다. 마음에 걸리기는 했어도 탐심일 줄은 모르기 때문이다. 탐심은 부동산 투기나 욕심 등으로만 생각했지 재활용품 몇 개가 탐심에 속하는 줄은 상상도 못 했다. 탐심의 유전자는 독사의 알처럼 보이지 않았다. 이 탐심이 곧 '우상숭배(골 3:5)'에 속하는 엄중한 괴물일 줄은 몰랐다. 가나안 전쟁에서 가장 중요한 것은 적이 아니라 내 안의 탐심이라는 우상이었다.

북방 왕이 섬기는 세력의 신(단 1:38)은 나와는 상관없는 줄 알았다. 사단은 아무것도 없다. 사람이 가지고 있는 능력으로 제 것인 척하는 거짓의 아비일 뿐이다. 탐심을 이용해 세상 것을 이루게 하여 그 힘에 사람들이 경배하게 한다. 그런데 그것이 바로 사단에게 경배하는 것이 된다. 하나님은 이 힘을 무력화시킨다. 우리의 힘이 필요한 것이 아니다. 하나님께는 우리의 아무것도 필요하지 않으시다. 내가 약할 때에 강함 되신다고만 하셨다.

광야에서 황금 송아지를 만들어 놓고 하나님이라고 섬겼던 것은, 그들만이 아니라 그리스도인이 물들 수 있는 '보암직한' 것이다. 하나님과 재물을 겸하여 섬길 수 없다고 예수께서는 분명히 알려주셨다. 그래서 나같이 가난한 사람은 해당하지 않는 줄 알았다. 그런데 탐심은 알루미늄 깡통 하나, 신문 한 뭉치도 간과하지 않았다. 마치 푸른 것을 다 먹어 치우는 메뚜기 떼 같다. 탐심이라는 우상을 제거하지 않으면 하나님께서 함께하실 수 없다(수 7:12).

식욕은 탐심의 원조였다. 광야에서의 이스라엘 백성들은 탐욕으로 식물을 구하였고, 하나님께서는 하늘 문을 여시고 만나를 비같이, 고기를 티끌같이 내리시어 저희 소욕대로 주셨으나 저희는 그 욕심에서 떠나지 않았다. 하나님께서는 노를 발하시어 살진 자를 죽이시고 그 청년을 엎드러뜨리셨다(시 78:10~33). 광야의 식탐이 약속의 땅에서는 가옥에 가옥을 전토에 전토를 더하여 빈틈이 없도록 하고, 이 땅에 홀로 거하려 하는 만큼 장성했다. 그들을 향해 "화 있을진저(사 5:8)"라고 선포한 대로 바벨론의 해에 무너졌다.

예수께서 무엇을 먹을까, 마실까, 무엇을 입을까 염려하지 말라고 하신 뜻의 중요함을 조금은 알겠다. 먹어도 주를 위해서, 안 먹어도 주를 위해 살며 탐심을 피하는 게 첫 단추다. 하늘에 올랐을 때 하나님의 진노를 맛보았는데, 그 진노는 바로 이 탐심을 우상숭배 하는 그리스도인들을 향한 것이었다.

땅의 회복

심령이 가난한 자는 복이 있나니
천국이 저희 것임이요(마 5:3)

나도 무섭다

예수님의 말씀을 따라 풍랑을 밟고 가던 베드로가 풍랑을 보고
바다로 빠져가듯, 나 또한 풍랑을 밟고 가다가도 성난 파도를 보면
불안해서여 빠지려 했다.

작은아들의 빚더미를 통해 우리의 죄를 짊어지신 예수님을 믿
어 의롭다 함을 받았다는 것을 체득했다. 또 큰아들의 빚을 통해
서는 지붕을 덮는 것과 같은 진리가 열렸다. 하지만 순간순간 풍
랑에 모두 깨져나갈 것 같은 염려가 엄습해 하나님께 기도 겸 투
정을 했다.

"아버지, 이 나이에 아직도 아들을 짊어지려니 이 짐이 무거워

요. 이 짐 좀 내려놓게 해 주세요."

기도는 잘 올라가지만 슬픔이 깔려 있었다. 이 감정이 무엇일까? 그런데 하나님께서 "나도 무겁다" 하는 것 같이 느껴졌다. 뜻밖이었다. 이제껏 전지전능하신 하나님이 무거워하실 것이라고는 생각해본 적이 없었다.

이사야 1장을 펼쳤다. 내 마음이 너희의 정한 절기를 싫어하나니 그것이 내게 무거운 짐이라 내가 지기에 곤비하였노라(사 1:11~14)"라며 이사야에게 토로하고 계셨다.

아버지께서 무겁다고 말씀하신 것에 놀라 감히 고백했다.

"하나님, 제가 무엇을 해야 할까요. 하나님의 짐을 저도 지겠습니다."

이와 맞물려 이사를 해야 했다. 짐을 많이 버려야 했다. 아주 깊지는 않았지만 지하방이고 월세였다. 작은아들이 와서 "그냥 괜찮네" 했다. 나도 "그래, 만족해"라고 대답하는데 '만족하다'라는 말이 나를 비췄다.

내가 가장 만족하지 못하는 부분이 사람이라는 것을 알게 되었다. 결혼해서 남편과 싸울 때, 열 가지 중 한 가지도 마음에 드는 것이 없다며 돌을 던졌다.

그 이후 성령의 도우심 가운데 마주하는 모든 사람과 모든 풍랑을 만족함으로 받아들이기 시작했다. 그랬더니 무겁던 짐이 하나님께로 옮겨갔다. 하나님은 "네 짐이 나의 짐이다"라고 하셨다. 하나님의 짐을 지겠다고 고백했더니 만족이라는 은혜가 입혀졌다. 지족함이 있으면 경건의 큰 유익이 있다는 말씀이 원수를 진멸하는 승리의 무기였다.

어미로서 내 아들의 빚은 무겁게 느껴진다. 사랑하기 때문에 그 짐을 지게 되고 고통스러워한다. 그런데 이것이 또 사단의 미끼가 된다.

사단은 하늘에서 가짜 불을 내려 사랑인 양 미혹케 하는 것 외에도, 인간이 가지고 있는 정을 가지고 얽매이는 죄 가운데 빠지게 한다. 예수께서 죽임을 당하고 제삼 일에 살아나야 할 것을 제자들에게 가르치실 때, 베드로는 예수님을 붙들고 간청한다.

"절대 이 일이 주께 미치지 아니 하리이다."

예수께서는 "사단아 내 뒤로 물러가라 네가 하나님의 일을 생각지 아니하고 도리어 사람의 일을 생각하는도다"라고 꾸짖으셨다. 그 꾸짖음이 늘 궁금했는데 조금은 알게 되었다. 사도 바울은 예루살렘으로 올라가지 말라고 권하는 이들에게 "너희가 어찌하여 울어 내 마음을 상하게 하느냐 나는 주 예수의 이름을 위하여 결박을 받을 뿐 아니라 예루살렘에서 죽을 것도 각오하였노라(행 21:11~14)"라고 얽매는 끈을 끊었다. 정과 욕심은 십자가에 못 박아야 할 대상이다(갈 5:24).

아들이 좀 더 잘되기를 바라는 욕심과 정에 얽매어 못마땅하다는 돌을 던졌다. 그러나 사실 그 돌은 하나님께 던지는 것이었다. 사람에 대한 논단은 하나님께 대한 최고의 교만이었다.

딸과 아들이 결혼하여 사위와 며느리가 새로운 가족이 되었다. 하지만 아직은 어색하다. 그런데 내 짐인 딸과 아들이 사위와 며느리에게로 전가되어, 내 멍에의 짐을 그 애들이 대신 지고 있다고 느껴졌다. 순간 어색하기만 했던 마음의 커튼이 사라졌다. 하나님은 이런 부분까지 살피고 계셨다. 결혼 때 예물도 못 해줬는데 마음의 표시를 해야 할 것 같다.

네 뼈를 견고케 하리니

척추가 아팠다. MRI를 찍으니 척추 '전방위 전위증' 초기로 나왔다. 원인이 뭐냐고 의사에게 물었더니 퇴행성이고 뼈가 흔들린다고 했다. 그 진단을 받고 난 후에 성경을 읽으니 유독 뼈에 대한 말씀이 많이 눈에 들어왔다. 특히 저주의 시에서 저희 뼈가 흔들리게 하신다는 말씀을 읽을 때는 눈이 휘둥그레졌다. 뼈에 대한 말씀을 읽으며 뼈가 아픈 것에도 감사가 되었다.

"하나님, 내 뼈를 윤택하여 견고케 해주시고 연한 풀의 무성함 같이 해주세요."

성도는 하늘나라 가문의 자존심을 지켜야 한다. 내 자존심이 상하면 못 견디면서, 하나님과 그 나라의 자존심을 지켜야 하는 것에는 무심한 경향이 있다.

다윗은 이스라엘을 모욕하는 골리앗에게 "너는 칼과 창과 단창으로 내게 오거니와 나는 네가 모욕하는 이스라엘 군대의 하나님의 이름으로 네게 가노라 온 땅으로 이스라엘 하나님이 계신 줄 알게 하고 구원하심이 칼과 창에 있지 아니함을 이 무리로 알게 하고 전쟁은 여호와께 속한 것인즉 그가 너희를 우리 손에 붙이시리라(삼상 17:41~49)"라고 선포하며, 이스라엘 군대와 그 하나님을 모욕하는 골리앗에게 분연히 마주 섰다. 다윗의 뼈대는 견고했다.

2020년 1월 8일, 겨울인데 눈이 아니라 비가 추적추적 내렸다. 을씨년스럽고 좀 우울하기까지 했다. 날씨 탓인가 했다. 기도도 약간 소강상태였다. 9일 새벽, 교회에 앉았는데 곧바로 탄원하는 기도가 시원하게 터졌다. 기도하면서 고린도후서를 읽어 가는데 새삼 새로웠다. 3장 5절과 6절의 "우리가 무슨 일이든지 우리에게서 난 것 같이 생각하여 스스로 만족할 것이 아니니 우리의 만족은 오직 하나님께로서 났느니라 저가 또 우리로 새 언약의 일꾼 되기에 만족케 하셨으니 의문으로 하지 아니하시고 오직 영으로 함이니 의문은 죽이는 것이요 영은 살리는 것임이라"라는 말씀에서 '만족'이라는 단어가 눈에 들어왔다. 이사하면서 만족한다는 고백이 내 안에 스며들었다. 지금도 부족함이 보일 때는 더 만족한다는 마음으로 내 삶을 채우는 중이다.

'오! 만족이란 말이 여기 있네. 그래, 요즘 우리 환경과 상황에서

만족할 수 있는 것은 하나님께로서 난 것이지. 내가 할 수 있는 것이 아니지.'

또한 "새 언약의 일꾼이 되기에 만족케 하셨다"라는 말씀은 내 사명에 증서를 수여하는 것 같았다. 나에게는 스스로 벗어날 수 없는 족쇄가 채워져 있었다. 바로 '여자'라는 것이다. 내가 여자로 태어난 것에 대해 0.1%의 책임도 내게 없지만, 내게 여자라는 족쇄가 채워졌다. 요셉이 죄수가 되어 발목에 족쇄를 차므로 발목이 상했듯이 여자라는 족쇄는 보이지 않는 마음 가득 상처가 되었다.

그 시작은 어머니로부터 비롯되었다. 그 환경을 다 이해할 수 없었기에 난 딸이라 늘 우선순위에서 밀렸다고 생각했다. 결혼 후에는 남편으로부터 여자가 왜 눈을 똑바로 뜨고 달려드느냐는 말이 이해가 되지 않았다. 뭐니 뭐니 해도 가장 큰 벽은 여자전도사가 되었을 때다. 20세기 교계 풍토는 여자에게 교회에서 잠잠하라는 성경 말씀으로 족쇄를 채웠다. 책임감 때문에 감당했을 뿐 사명감은 없었다.

그런데 '새 언약의 일꾼이 되기에 만족케 하셨다'라는 말씀은, 흔들리는 척추 같았던 사명감을 견고하게 세워주었고 족쇄도 풀어주었다.

이제야 내가 빚진 자임을 알았다

새벽에 기도를 마치고 쉬려는데 함께 기도하던 집사가 응답을 전했다.

"전도사님, 무엇을 먹을까 염려하지 말라는 말씀을 주셨어요."

"먹을 것 때문이 아니라 빚 때문이라고 말하지 그랬어요."

농담처럼 웃으며 말했다. 이유는, 우리 둘 다 빚 문제가 있었기 때문이다. 감사함으로 견디고는 있지만 무거운 건 사실이었다. 친정아버지의 병원비부터 남편과 아들들에 이르기까지, 내게 닥친 빚들을 혼자 온몸으로 받아내야 했다. 그러자니 슬며시 서운함이 들었다.

'이 빚들은 내가 직접 지지도 않았는데, 가족으로 인해 평생을 빚에 눌려 살고 있네.'

기도회 시간마다 부르짖었다.

"하나님, 사랑의 빚 외에는 빚지지 말라고 하셨는데 빚을 졌어요. 세상 부모도 자식의 빚을 갚아 주는데, 하나님은 우리 아버지시니 빚을 갚아 주시든지 길을 열어주시든지 책임져 주세요."

합심 기도를 했지만 빚 청산은 감감무소식이었다. 그런데 "형제들아 우리가 빚진 자로되(롬 8:12)"라는 말씀이 떠올랐다. 난 빚에 시달렸지만 내가 진 빚이 아니기에 빚쟁이라는 생각은 없었다. 그런데 '우리가 빚진 자'라는 말씀으로 하나님은 '내가 빚진 자'임을 깨우쳐 주셨다. 빚 갚아 달라는 기도의 응답은 "네가 빚진 자다"였다.

하나님의 독생자인 그리스도 예수께서 십자가에서 피 흘려 죽으신 것은 하나님 사랑의 결정체임을 믿고 알았다. 그러나 그 사랑의 빚진 자라는 데까지는 미치지 못했다. 내가 바로 예수님의 사랑에 빚진 자라는 걸 깨달으면서 내가 사는 자체가 이 세상 사람들에게 빚을 지는 것이라는 데까지 생각이 열렸다.

그러자 내 안에도 변화가 일어났다. 그때 나는 교회 건물이 있는 상가의 화장실 청소 봉사를 하고 있었다. 책임이 없으니 대충하기도 했다. 내 마음의 변화는 청소하는 손길에서부터 나타났다. 마음을 쏟으니 좀 더 깨끗해졌다. 교회에서 청소하는 손길을 보면 마음에 품은 생각이 보인다. 마음은 감출 수 있고 말은 거짓일 수 있지만, 손길은 속일 수 없다. 여호수아서의 전쟁을 보면서 '네가 이기리라'라고 하지 않고, '네 손에 붙이신다'라고 하신 이유가 늘 궁금했는데 또 궁금증을 풀어주셔서 감사하다.

오늘 내가 일상을 살아갈 수 있는 데에는 많은 사람이 진 짐들의 무게가 있기 때문이다. 나는 사랑을 잘 모르겠다. 그럼에도 사모가 되면서 제일 마음에 무겁게 다가온 것은 "한 영혼을 천하보다 사랑하라"는 말씀이었다. 나에게는 그런 사랑이 없다는 것이 괴로웠다.

'사랑은 그만두고 자기 책임이나 지고, 상식만 통해도 살기 좋은 사회가 될 텐데.'

나중에는 '사랑'이라는 말에 거부감이 들기도 했다. 지금도 "하나님을 사랑하고 네 이웃을 네 몸같이 사랑하라"는 말씀은 넘을 수 없는 거대한 산맥 같다. 하지만 넘기는 넘어야 한다는 부담을 안고 있다. 그런데 사랑에 빚진 자라는 것을 깨닫고 받아들이니 내가 한 꺼번에 갚을 수 없었던 빚을 분할 상환으로 갚는 길이 열린 것 같아 마음이 가벼워졌다.

풀어놓아 다니게 하라

나이 탓인지는 몰라도 불면증이 조금 생겼다. 새벽 2시쯤 깨곤 했다. 불면증의 독은 잡념, 특히 근심이다. 부르짖는 기도 덕분에 별생각 없이 살았는데 밤에 잠이 깨니 근심이 몰려왔다. 잠을 자려 할수록 더 말똥말똥했다. 그래서 굳이 자야겠다는 생각을 벗어버렸다.

낮에는 시간이 없어 들을 수 없었던 목사님들의 설교를 듣자며 스마트폰을 꺼내 김진홍 목사님의 유튜브 설교를 들었다. 마침 미국에서 부흥회를 인도할 때 신학대학 동기를 만나 들은 간증을 소개하고 있었다. 그 동기는 미국에서 사업에 실패하여 먹을 게 찬물밖에 없었다고 했다. 찬물을 떠놓고는 아예 가족 전부가 금식기도로 들어갔다고 했다. 그런데 그 금식기도 가운데 성령세례가 부어지며 방언이 터지고, 온 가족이 성령 충만한 역사가 일어났다고 했다. 그때 그 딸들이 아버지에게 했다는 말을 듣는 순간, 내 눈이 번쩍 뜨였다.

"아빠. 망해줘서 고마워요."

나도 여러 어려움이 있었지만 그 때문에 영의 눈을 열어주셔서 주의 영광을 보는 기쁨을 누렸다. 그런데 그 딸들은 그 사건의 주인 공인 아버지에게 직접 "망해줘서 감사하다"고 했단다. 나는 그 문제를 일으킨 사람에게까지 감사하지는 못했다. 그런데 그 딸들의 간증이 바로 내 속사람이 찾고 있었던 실체였다. 나도 큰아들에게 작은 소리로 말했다.

"빚져줘서 고맙다."

눈앞에 새롭게 펼쳐지는 세계가 있었다. 요한복음 11장 1~45절까지의 죽은 나사로를 살리신 장면이다. 예수께서 죽은 나사로의 무덤 앞에서 "나사로야 나오라" 하고 부르시니 죽은 자가 수족을 베로 동인 채로 나왔다. 예수께서는 "풀어놓아 다니게 하라"라고 사람들에게 일임하셨다. 이 죽은 나사로가 살아나 베로 동인 채 나오는 모습이, 예수님을 영접하여 중생한 성도들의 모습처럼 보였다.

요셉을 팔았던 형들은 깊은 죄책감에 묶여 있었다(창 42:21, 50:15~17). 그러한 형들에게 요셉이 "당신들이 나를 이곳에 팔았으므로 하나님이 생명을 구원하시려고 나를 당신들 앞서 보내셨나이다 (창 45:5)"라고 했지만, 그 형들은 그 용서가 그 아비 야곱 때문인 줄로만 알았던 것 같다. 야곱이 죽은 후에 요셉이 그들이 행한 악을 갚을까 하여 두려워했기 때문이다. 요셉은 그러한 형들에게 간곡

한 말로 위로하여 형들의 죄책을 풀어주었다(창 50:15~21).

집 떠난 탕자의 아버지는 돌아온 그 아들에게 옷을 입히고, 가락지를 끼우고, 신을 신기고 그 위에 잔치까지 베풀어 환영했다. 그 아들에게 종이 아닌 아들이라는 지위를 공포하여 위축된 것까지 풀어주신 것이다. 알고 보면 집에 있던 그 형은 배를 더 꽁꽁 묶고 있는 사람이었다.

> "나의 기뻐하는 금식은 흉악의 결박을 풀어주며, 멍에의 줄을 끌러주며, 압제당하는 자를 자유케 하며 모든 멍에를 꺾는 것이 아니겠느냐 만일 너희 중에서 멍에와 손가락질과 허망한 말을 제해 버리고 주린 자에게 네 심정을 동하며 괴로워하는 자의 마음을 만족케 하면 네 빛이 아침 빛같이 비칠 것이며 네 치료가 급속할 것이며 나 여호와가 너를 항상 인도하여 마른 곳에서도 네 영혼을 만족케 하며 네 뼈를 견고케 하리니(사 58:6~12)"

여호와께서는 욥을 정죄한 데만 사람 엘리바스에게 "너와 네 두 친구에게 노하나니 수송아지 일곱과 숫양 일곱을 취하여 번제를 드리라"라고 하셨고, 욥이 벗들 위해 빌매 욥의 곤경을 돌이키시고 그 욥에게는 그전 소유보다 갑절이나 주셨다(욥 42:7~10).

부활하신 예수께서 고기 잡으러 간 베드로를 찾아가셨다. '내 양을 먹이라'는 말씀을 세 번을 하시면서 베드로가 주님을 부인했던 죄책감도 깨끗이 풀어주셨다. 하나님께서 예수 안에서 주신 구속의 역사는 천고마비의 가을 하늘 같다.

"모세와 아론과 나답과 아비후와 장로 70인이 이스라엘 하나님을 보니 그 발아래는 청옥을 편듯하고 하늘같이 청명하더라(출 24:9~10)"라는 말씀은 우리의 아버지이신 하나님의 품성대로 예수 안에서의 구속의 역사가 청명하다는 걸 보여주셨다. "진리를 알지니 진리가 너희를 자유케 하리라"라는 말씀은 함께 풀어지고 자유케 되는 진정한 승리였다.

하나님은 초월해 계시지 않았다

2019년 한 해는 옥상 농사를 쉬고 싶었다. 그런데 고운 볕이 드는 봄철에 빈 화분을 보니 어쩐지 좋아 보이지 않았다. 잡초를 뽑고 고추 60여 그루를 심었다. 한데 시간을 할애하기가 어려워 잘 가꾸질 못 했다. 고추의 최대 적인 진딧물이 고추나무를 다 덮었다. 그걸 보며 보며 '올해는 고추 농사를 망쳤구나' 하고 생각했다.

그런데 태풍이 지나고 나니 진딧물이 싹 떨어져 나갔다. 고추 수확을 하면서 의아했다. 포기했던 고추 수확이 작년보다 더 많았다. 빨간 태양초를 3kg이나 얻었다. 전반적으로 올해는 고추 농사가 풍작을 이뤘다. 올해는 배추와 무를 기를 수 있는 시간이 없을 것 같아 포기하려 했다. 갑자기 고추 농사가 잘 되면 가을 김장 채소가 흉작이고, 고추가 흉작이면 가을 채소가 풍작을 이루었던 것이 생각났다. '그렇다면 올해는 고추가 풍년이니 배추 값이 비쌀 수 있겠다'는 생각이 들었다. 9월 초쯤 서둘러서 무 씨앗을 뿌리고, 배추 모종을 20개 사다 심었다.

날씨가 좋았다. 올해는 배추도 잘 될 것 같았다. 그런데 또 태풍이 왔다. 뉴스에선 김장 채소 값이 비쌀 거라고 전망했다. 나는 전율을 느꼈다. 마치 살아 있는 누군가가 고추 농사와 배추 농사를 주관하여 균형을 잡는 것 같았다. 가을이 왔다. 배추와 무값이 전년에 비해 3배는 비쌌다.

나는 아직도 빚 문제를 해결하지 못했다. 그런데 무거운 부채를 지고 부르짖는 가운데 내 신앙의 존재론적 문제점이 드러났다.

나는 하나님의 천지창조를 믿는다. 독생자를 보내신 것도 믿는다. 모든 신학적인 것도 믿는다. 그런데 이 모든 것을 하나님이 전자동 시스템으로 구축해 놓으시고 정작 당신께선 초월해 계시는 것으로 여겼던 나의 잠재된 무의식이 드러난 것이다. 그런데 하나님께서는 천지만물을 수동으로 작동하시고 당신의 백성과 함께하고 계셨다.

이 변화는 마치 숙련된 건축가가 설계도만 보고도 완성된 건물을 보는 것과 같다. 또 건물을 보면 그 설계도도 보일 것이다. 지금 빚의 짐을 지고 부르짖는 기도를 통해 새 사람의 식양인 성경에 기록된 말씀이 몸으로 오셨다. 지금은 볼 수 없는 그 주님(말씀)이 얼굴과 얼굴로 보는 것 같지는 않지만 성경이 쓰여질 당시의 희미한 거울로나마 보는 것 같다.

다윗은 솔로몬 성전의 모든 설계도를 하나님의 손이 함께하여 그렸다. 그는 솔로몬이 지은 성전은 못 보았지만, 그의 눈에는 그 성전이 보였을 것이다. 나 역시 이젠 성부, 성자, 성령의 임재가 손에 잡히는 듯하다.

하나님이 강림하셨다

가나안 전쟁을 끝내고 그들은 땅을 분배받았다. 나도 하나님께 물었다.

"하나님, 여호수아도 기업을 받았는데 내 기업은 무엇입니까?"

사도행전에서는 사도 바울이 에베소를 떠날 때 "지금 내가 너희를 주와 및 그 은혜의 말씀께 부탁하노니(행 20:32)"라고 했다. 즉 지혜나 말씀을 사람이 사람을 대하듯 인격적으로 대하는 것을 볼 수 있다.

그런데 "내 기업이 무엇이예요?"라는 질문에, 실제 사람의 모습은 아니지만 말씀께서 인격으로 강림하셨다. 인격으로 다가오신 성부 하나님, 성자 하나님, 성령 하나님이 나의 기업이요, 상급이셨다.

창세기 18장 여호와께서 아브람에게 나타나실 때다. 아브람은 장막 문 맞은편에 서 있는 세 사람에게 달려가 영접하여 대접했다. 여호와께서는 아브람에게 종종 나타나셨다. 99세 때도 언약을 확실히 하시며 아브라함으로 이름까지 바꿔주셨는데, 18장에서는 사람의 모습으로 장막 문 맞은편에 서 계시면서 지나가시려 했다. 아브라함은 사람으로 나타나신 하나님을 맞아들이고 대접했다.

이 체험이 있기 전에 '만약 하나님께서 딱 하나만 구하라 하면 무엇을 구할까?' 하고 생각한 적이 있다.

"아브라함의 하나님, 이삭의 하나님, 야곱의 하나님처럼 하나님이 우리 애들의 기업이 돼 주세요"라며 하나님을 선택했다.

이 고백은 마치 아브라함이 달려나가 문 앞에 서 있는 세 사람을 맞이한 것과 같은 일이었다.

나는 몰랐지만 성령께서 하나님을 구하는 고백을 하도록 도우셨다. 하나님은 임마누엘 하셔서 문 맞은편에 서 계시다가 지나가시려고 하신다. 이때 하나님은 우리가 말씀을 인격으로 영접하여 하나님과 그 아들 예수 그리스도와 사귀기를 원하시는 것이다. 또 하나님이 강림하실 때는 복을 주실 자에게는 복을, 심판받을 자에게는 심판을 베푸셨다. 이것이 하나님의 공의라고 하셨다.(살후1:4~7)

하늘에 올라 보좌를 보았을 때 하나님의 진노의 포도주 방울 하나가 혀에 떨어졌고, 그 고통이 4년 동안 지속되었다. 그런데 인격으로 강림하신 하나님께서는 성경 여인들의 고통을 들으시고 응답하시며 눈물을 씻어 주시는 하나님으로 찾아오셨다. 그 여인들은 성경 속에만 있는 것이 아니라 지금도 우리 가운데 함께 있다. 그들과 함께 아파하고 울 수 있는 옷을 입혀 주셨다. 강림하신 빛으로 인해 내 마음의 그늘이 드러났다.

울지 마라

아직도 빚의 무게는 무겁다. 통장 잔고가 2~3개월이면 바닥날 것 같았다. 염려가 커지려고 해서 다시 기도했다.

"주님, 제가 주를 의지하는 것인지 이 적은 돈을 의지하고 있는지 잘 모르겠어요."

새벽에 나와 기도하는데 내 상황이 꼭 밀가루 한 움큼과 한 병의 기름밖에 없는 사렙다 과부 같았다. 필시 나는 가루 한 움큼에 의지하고 있었다. 그때 구약에서부터 신약에 이르는 여인의 울부짖음과 통곡했던 정경이, 시간과 공간을 뛰어넘어 내 삶의 자리로 들어왔다.

맨 먼저 하갈의 방성대곡이 생각났다. 나는 애굽 여인과 그 아들 이스마엘을 별로 좋아하지 않았지만, 자식이 죽을지도 모르는 상황에 놓인 어미의 심정이 느껴졌다. 하나님은 그 어미의 방성대곡을 들으셨다. 그 모자를 별로 좋아하지 않았던 내 마음이 씻어졌다.

이삭의 어미인 사라도 생각났다. 경수가 끊길 때까지 아이를 못 낳은 그 죄책감과 그 주변의 시선을 견뎌야 했던 인고의 세월을 나는 털끝만큼도 생각지 못했다. 그런데 그녀의 그 세월이 공감됐다. 그걸 못 기다리고 하갈을 들여 지금까지 갈등을 유발시켰냐고 돌을 던졌던 것을 회개했다.

그다음은 야곱의 아내인 레아와 라헬이다. 야곱은 라헬을 사랑하여 7년을 수일 같이 보낼 수 있었다. 그는 라헬과 레아를 아내로 맞이하게 됐다. 레아는 야곱의 아내가 되었으나 총이 없었다. 하나님께서는 아들을 주셨다. 그 아들들의 이름 속에는 레아가 겪는 고통이 드러나 있다. 그 갈등과 고통은 그녀를 하나님만 의지하게 하는 발판이 됐다. 이제 하나님을 찬송한다며 넷째 아들의 이름을 유다로 지었다. 그 시녀의 소생들의 이름을 보면 그녀가 평온했음을 엿볼 수 있다. 유다는 구속사의 족보를 이뤘다.

사무엘의 어미인 한나 또한 그렇다. 남편의 후처인 브닌나가 자식을 낳고 한나를 격동시켰다. 이 여인들은 과부가 아니어서 먹고 사는 문제에 부딪치지는 않았지만, 과부가 된 여인들의 문제도 나온다.

엘리야 시대의 사렙다 과부다. 풍년 때는 이삭이라도 주울 수 있었겠지만, 비가 오지 않아 흉년이 되니 주울 것도 없었다. 가뭄으로 인한 경제적 타격은 취약계층인 과부가 1순위였다. 가루 한 움큼밖에 안 남은 걸 먹고 죽으려고 나뭇가지를 주울 때 그 심정이 어떠했을까? 엘리사 시대에 선지생도였던 남편은 죽고, 있는 것은 기름한 병뿐이고, 채주가 아들 둘을 종으로 데려가려 하는 그 과부의 사연은 지금의 나와 같았다.

하나님은 나인성의 죽은 아들의 상여를 따라가며 우는 과부의 울음소리를 들으시고 "울지 말라"하시며 아들을 살려 주셨다. 마르다와 마리아 두 자매의 울음소리를 들으시고는 통분히 여기셔서 나사로를 살리셨다.

나는 이 여인들의 이름을 알고 있다. 그건 마치 책꽂이에 꽂아놓은 책의 제목만 읽고, 그 책을 읽은 줄로 착각하고 있는 것과 같았다. 그런데 하나님이 내게 강림하실 때 이 여인들도 뒤따라왔다.

아버지 품에서 안식하다

유튜브를 통해서 김진홍 목사님의 설교를 듣고 있었다.

"나는 아버지를 일찍 여의는 바람에 '아버지 노릇'하는 것은 보고 배운 것이 없어서 아버지 노릇을 할 줄 모릅니다."

그러면서 아들을 곤충학 박사가 될 수 있도록 이끄신 사례를 말씀했다. 그런데 그 말을 내 환경에서 들으니 '아버지 노릇을 잘했다'라는 말로 들렸다. '누구 염장 지르는 것 같네'라며 실소를 날렸다. 그리고 이런 내 마음을 하나님께 토했다.

"하나님, 우리 아이들은 아버지 없이 자랐어요. 그뿐 아니라 아버지가 산에서 내려왔지만 완전히 실망만 안겨주었어요."

그 호소를 하는데 남편이 산에 올라갈 때 나눴던 대화가 생각났다.

"당신이 산으로 가면, 나는 그렇다고 해도 아이들은 어떻게 할 거예요?"

"아이들은 하나님께 맡겨. 예수님을 따르기 위해 버리면, 100배로 축복해 주신다는 말씀을 믿어."

아마 남편의 그때 그 말은 진심이었을 것이다. 하나님의 말씀은 영원히 변하지 않는 소금 언약이니 그 믿음까지 무시하지 말고 붙잡자고 다짐했다. 고통이 뒤따랐지만 결국 남편의 믿음이 맞았다. 불완전한 생부가 빠졌으니 이제는 백 배, 만 배, 아니 완전하신 하나님 아버지께 나와야 했다. 그런데 이 사실도 모르고 나는 박 넝쿨 그늘에서 안주하고 있었다. 만약 빚이라는 충격이 없었다면, 나중에 얼마나 슬피 울며 이를 갈았을까 생각하니 모골이 송연했다.

아버지 노릇이 무엇일까? 구약 족장들을 보면 알 수 있다. 아버지는 좌우에 날 선 검처럼 축복과 저주의 권세를 가진 존재였다. 노아는 셈과 야벳을 축복하고 가나안은 저주했다, 이삭은 야곱을 축복했다. 야곱은 열두 아들들에게 축복하면서 특히 요셉의 두 아들인 에브라임과 므낫세는 '내 것'이라며 아들로 인정했다. 그래서 그들은 가나안에서 두 몫을 분배받았다.

땅에서는 분깃을 상속하거나 분수와 한계를 규정하는 권세가 아버지에게 있다. 물론 공의로 하였다. 하나님 아버지께서 특별히 아들로 지명하여 부른 경우도 있었다. 다윗의 아들 솔로몬을 "내가 저를 택하여 내 아들을 삼고 나는 그 아비가 될 것임이라(대상 28:6)"
라고 하셨다. 그리고 다윗의 여러 아들 중에서 솔로몬을 왕위 상속
자로 지명하셨다.

천지를 창조하신 하나님, 온 세상을 통치하시고 계신 하나님, 그
독생자를 내어주시기까지 세상을 사랑하시는 하나님은 여전히 나
의 '아버지'이시다.

예수께서 "너희는 근심하지 말라. 내 아버지 집에는 거할 곳이
많다"고 하신 그 아버지 집으로 인도하셨다. 손가락에 인장 반지를
끼워주고 분깃을 주어 안식을 누리는 아버지 집으로 이끄셨다.

2부

마음의 책

굽은 나무가 산을 지킨다

은지는 4살 때 그 엄마와 함께 우리 교회에 왔다. 그 엄마인 이 집사는 처녀 때 우리 교회를 통해 예수를 영접했다. 결혼하면서 다른 교회로 떠났었는데, 두 아이의 엄마가 되어 다시 우리 앞에 나타났다. 얼굴은 초췌하고 피곤함에 찌들어 늙어 보였다. 첫째인 은지는 자폐증을 앓고 있었다. 4살인데도 '엄마' 외에는 구사할 수 있는 단어가 없었다. 동생에게도 폭력적인 데다 괴성을 질러댔다. 그 괴성은 마치 못으로 철판을 긁을 때 나는 소리처럼 신경을 자극했다. 이런 상태가 혼자 감당이 안 되니 교회로 찾아왔다.

이 집사의 친정엄마인 정 집사는 머리에 암 선고를 받고 큰아들한테 와 있었다. 우리가 그 아들의 2층에서 교회를 운영하고 있을 때였다. 그 정 집사가 남편 목사에게 기도를 받고 암이 사라졌다. 하지만 남편이 산에 올라가 부재중일 때, 먼저 '새 일'이라는 이단에 빠져 있던 두 딸로 인해 '새 일'에 빠지게 되었다.

남편이 산에서 내려왔다. 남편이 산에서 내려와 처음 한 일은 장례식이었다. 내가 여전도사로서 사역할 때는 장례를 집전할 수 없었다. 사역 내내 고민거리였는데, 다행히도 장례가 발생하지 않았다. 남편이 내려오고부터 장례가 발생했다. 그 첫 번째가 정 집사의 둘째 아들 장례였다. 47세에 간암 말기 판정을 받은 그는 병상에서 세례를 받았다. 세상을 떠나기 하루 전날 병원으로 심방을 갔더니 이런 고백을 했다.

"죽으면 어떻게 되나 매우 불안했는데, 착한 동생 때문에 예수님을 믿게 되니 평안해졌습니다."

그러면서 남편에게 주스 병을 내밀어 부딪치며 '브라보'를 외쳤다. 젊은 나이에 어린 자식들을 두고 떠나게 됐는데 오히려 그는 이런 고백도 했다.

"아무런 미련도 없습니다. 다만 15년 전에 간경화로 입원했을 때 눈물을 흘리며 예수를 믿겠다고 했었는데, 신앙생활로 이어지지 못했던 게 부끄럽습니다. 이제 겨우 믿고 떠나는 것이 부끄럽습니다."

그 밤에 동생인 이 집사에게 간증을 남기고 자기 엄마보다 먼저 천국으로 이사했다.

"천국에 옥으로 지은 내 집은 완성이 됐고 엄마 집은 덜 지어졌으니 나중에 오세요."

선산에서 하관식을 마치고 집에 들렀다. 이 간증을 전해들었던 할아버지가 대뜸 세례를 받겠다고 했다. 플라스틱 바가지를 가지고 우물에서 물을 떠다가 세례를 베풀었다. 이 일을 계기로 이단인 '새 일'과 충돌이 일어났다. 그들로부터 지켜내기 위해서 매주 한 번씩 영양을 지나 수비까지 3년 동안 심방을 가야 했다. 그 경비가 3,000만 원이다. 그때 나는 억지로 끌려 다니면서 이렇게 구시렁 구시렁했다.

'하나님은 남편이 하는 일에는 통 크게 밀어주시네.'

'새 일'이 집단으로 할머니한테 들이닥쳤고, 끌어가려고 여럿이 달려들어 할머니를 들어 올렸단다. 할머니는 발버둥을 치면서 "이 더러운 목사야. 상지옥이나 가라" 하고 고함을 쳤다고 한다. 그러자 그들은 그대로 할머니를 던져 버렸고, 그 바람에 허리를 크게 다쳐서 일어나지를 못했다.

이 집사는 방을 얻어 부모를 모셔왔다. 할아버지는 세례를 받기는 했지만 '새 일'에서 받은 상처가 커 교회에 나오는 것은 달가워하지 않았다. 그곳에 다니는 세 모녀는 할아버지가 더럽다며 함께 먹지도 않았다. 이 집사가 시골에 가서 할아버지와 함께 식사를 하려고 하니 "나는 더러우니 함께 먹을 수 없다"고 했단다. 간신히 달래어 한 상에서 같이 먹고 왔다고 했다.

이단의 특징 중 하나가 사람의 존엄성을 파괴하고 기능을 말살하여, 그들의 의도대로 꼭두각시로 만든다는 것이다. '새 일'에 빠진 할머니의 사위는 교회나 십자가 쪽은 바라보지도 않는다고 했다. 이단에 빠진 사람은 물론 그 가족들은 복음까지도 거부했다. 그야말로 사단이 승리한 것 같았다. 그러니 이렇게 상처받은 나이 많은 할아버지께 복음의 진리를 전하는 것은 난감했다. 그러나 하나님은 그 할아버지에게도 은혜를 베푸셨다. 돌아가시기 직전에 돌보는 딸에게 이런 말을 남기셨다고 한다.

"내 집이 왜 이렇게 좋으냐? 우리 아들 남일이와 남진이에게도 알려줘야 하는데…."

아직 천국에 집이 덜 지어진 할머니만 남아 계셨다. 할머니는 밤에는 혼자 자야 했다. 옆에서 지켜보자니 병약한 사람이 혼자 자는 것이 마음에 걸렸다.

40일 금식을 끝냈을 때의 기억이 났다. 주일에 가족들은 예배드리러 가고 나 혼자 누워 있었다. 그런데 갑자기 벽에 걸려 있던 옷들이 춤을 추었다. 또 몸은 그대로 누워 있는데도 꼭 팽이처럼 팽그르르 돌았다. 또 첫 아이를 낳고 누워 있었다. 갑자기 찬바람이 정수리로 쏘옥 들어왔다. 갑자기 머리가 깨어지듯 아프며 천장이 노래졌다. 시누이가 기도해주어 괜찮아졌다.

이 문제를 은지와 의논했다. 은지는 교회 공동체의 기도와 관심과 사랑으로 많이 회복되고 좋아져서 고등학교를 나와 지금은 직장에 다니고 있었다. 은지는 흔쾌히 자신이 할머니와 함께 자겠다고 했다. 때로는 힘들어하기도 했지만 할머니가 소천하시는 날까지 옆에서 같이 자며 할머니를 지켰다. 할머니의 6남매와 그 손주들은 십여 명이 넘었지만, 하룻밤이라도 함께 잠을 잔 사람은 오직 은지뿐이다. 이 사실이 은지에게는 뿌듯한 자산이 됐고, 교회에서도 '남은 자'가 되어 교회를 지키고 있다.

소멸하여 잊히는 사람

얼굴은 영화배우 버금가게 잘 생겼다. 그런데 엉거주춤하게 서서 안절부절못하고 제자리걸음을 하며 "형수, 앉을까요? 형수 앉을까요? 형수 먹을까요? 형수 먹을까요?"만 연발한다. 돌봐주는 형수에게 하는 질문이다.

그 형수는 내 시누이다. 시누이의 시동생인 그는 고등학교에 다니던 중 약물에 의한 충격으로 정신이상이 생겼다고 한다. 한때는 우리 교회에도 출석했는데 우리가 30년 동안 풀지 못한 난이도 최고도의 문제였다. 우리도 속수무책이라 수수방관할 수밖에 없었다.

요즈음 이 형제 생각이 부쩍 났다. 태어나자마자 곧바로 떠난 사람처럼 존재감이 없는 사람이었다. '시든 배추 잎처럼' 산 사람이라 생각하니 마음이 아렸다. 아직 살아 있을 때 진심 어린 마음으로 기도를 한 번 해주어야겠다는 생각이 들었다. 언제 내일이 없을지 모를 사람인데 미룰 수 없었다.

　그 형수도 이제 80이 넘어 그 형제는 진즉부터 요양병원에 있었다. 병동에 들어서는데 잘 생긴 사람이 눈에 들어왔다. 단박에 그를 찾을 수 있었다.

　"삼촌, 내가 누군지 알아요?"

　"모르는데요."

　특유의 음성으로 대답했다.

　"그럼 예수님은 알아요?"

　"아는데요."

　더 이상은 대화를 진행할 수 없었다. 가슴에 손을 얹고 기도를 시작했다.

　"하나님 아버지, 이 아들은 머리털을 깎이고 눈이 빠진 채 연자맷돌을 돌리는 삼손처럼 살았습니다. 그 삼손처럼 회복시켜 주세요. 하나님 은혜에 감사합니다."

　돌아오는 전철 속에서 '만약 이 아들이 마음도 몸도 다 건강해진다면, 과연 이 세상을 혼자 살아갈 수 있을까' 하는 생각이 들었다. 어려서 발병해 세상에서 살아가는 법을 배우지 못한 그이기에, 혼자서는 살 수 없을 것 같았다. 집에는 돌봐줄 가족도 없었다. 지금 이 상태로나마 보호받는 것이 주의 은혜다 싶었다. 그 아들을 두고 오는데 평안했다. 내 마음의 짐도 벗겨졌다.

생과 사를 가르는 지극히 작은 것

영화 〈십계〉에서 장자를 죽이는 장면이 나온다. 시커먼 사망의 연기가 문틈으로 들어가면서 일이 벌어진다.

그런데 그런 시커먼 연기가 내게 엄습해오고 있었다. 앞문 쪽은 이미 맹독성 연기로 꽉 차 있었다. 뒷문으로 나가려고 문을 밀었다. 문이 고장나 열리지 않았다. 연기로 가슴이 답답해졌다. 입을 손으로 막았으나 연기를 막지는 못했다. 문 앞에 서 있는 것 외에는 속수무책이었다. 생과 사를 가르는 그 순간에 아무것도 할 수 없었다. 그저 막막했다. 다행히도 유리문 밖에서 이 광경을 본 청년이 나무몽둥이로 유리문을 내리쳤다. 우리는 아산병원 응급실에서 치료를 받았다.

그 문은 원래 위쪽에 여닫을 수 있는 열쇠가 부착되어 있었다. 어느 날 보니 달려있던 열쇠 손잡이가 떨어져 있었다. 2층 사용자에게 열쇠를 고치라고 하려다가 평소에는 앞문으로 다녀도 되기 때문에 잔소리로 들릴까봐 그냥 넘어갔던 게 화근이었다.

그날은 추석을 며칠 앞둔 토요일 아침이었다. 새벽기도를 마치고 지하에서 기도하고 있었는데 갑자기 밖에서 우당탕탕 요란한 소리가 났다. 뛰어나갔던 집사가 소리쳤다.

"전도사님, 불났어요. 어서 나오세요."

놀라서 뛰쳐나갔지만 이미 시커먼 연기로 꽉 차 있어 나갈 수가 없었다. 그날 생과 사를 가를 뻔했던 것은 '고장 난 열쇠'를 방치했기 때문이다.

나는 두 번의 화재를 경험했다. 한 번은 초등학교 4학년 겨울방학 때다. 아버지는 병원에 입원해 계셨다. 할머니는 크고 검은 무쇠솥에 물을 가득 채우고 방도 덥히고, 뜨거운 물을 쓰려고 땔감으로 왕겨를 아궁이에 넣었다. 왕겨는 특성상 풀무질을 해야 불이 붙는데, 불티가 멀리까지 날아가는 게 특징이다. 나는 마당에서 놀고 있었다. 그때 큰 백구가 마당으로 들어왔다. 무서워서 뒷마당으로 숨으려고 몸을 돌이키는 순간 볏짚을 쌓아 놓은 뒤껼에서 불기둥이 확 치솟아 올랐다.

"할머니, 불났어!"

나는 부엌으로 달려가 끓는 물을 바가지에 떠 왔다. 불은 이미 지붕을 삼키고 있었다. 불이 붙은 지붕에 물을 끼얹었다. 그런데 물은 지붕까지 가지 못하고 내 얼굴로 떨어졌다. 이마를 데었다. 다행히 흉이 지진 않았다. 동네 어른들이 불을 꺼주고 새로 지붕도 해주었다. 불의 원인은 쥐구멍 때문이었다. 아버지는 타작을 하고 나면 집을 살펴서 쥐구멍을 막았다. 하지만 입원 중이라 쥐구멍을 막지 못했다. 아버지의 부재가 화재로 이어졌으니 그야말로 설상가상이다.

불은 꺼졌지만 그 일 이후 불이 날까봐 늘 겁이 났다. 할머니가 불을 때고 나면 몰래 아궁이에 물을 끼얹어서 불씨를 꺼버렸다. 잿

간에도 물을 뿌렸다. 밤이면 방문 창호지에 붙어 있는 유리에 붙어 앉아 처마 끝에 혹시 불은 붙지 않았나 살펴봤다. 특히 바람 부는 날은 더 불안했다. 혹시 어느 집에라도 불이 나면 불티가 날아와 온 동네가 다 불타지 않을까 노심초사했다. 이런 내 마음을 어른들은 몰랐다. 십대 후반에 대전으로 이사했다. 도시에는 초가지붕이 없어서 좋았다. 바람이 불어도 불안하지가 않았다. 작은 것 하나를 방심하고 방치하다가 죽음의 문 앞에도 서 봤다.

화평케 하는 자

주민센터에 근무하는 동안 넘어져서 발목이 골절되었다. 수술을 받느라 5일을 입원했다. 오래 자리를 비울 수 없어 곧바로 목발을 짚은 채 출근했다. 바퀴가 달린 의자에 앉아 일했다. 그러나 그 후유증이 낫질 않아 1년 반 만에 퇴직했다. 퇴직을 하자니 한 푼이 아쉬웠다.

"퇴직금은 없습니까?"

"글쎄요. 어쩌면 있을 것도 같아요. 연락드릴게요."

연락이 오기를 기다렸지만 회답이 없었다. 다시 주민센터로 찾아갔다.

"죄송해요. 정식 직원이 아니라 자원봉사였기에 퇴직금이 없습니다."

나는 어이가 없었다.

"금시초문이네요. 분명히 하루에 5시간 일하고 30,000원을 받는다고 들었습니다."

처음 하는 일이라 그 말만 믿었으니 고용 계약서를 작성해야 하는지도 몰랐다. 분명 동사무소 직원이 채용했기에 주민센터 소속인 줄만 알았다. 내가 하는 일이 주민 자치회 소속이라는 것을 미리 알려주지 않아 낭패를 본 것이다.

'그래, 세상 구경 한번 제대로 해보자.'

고용노동부에 진정서를 냈다. 그제야 퇴직금을 받았다. 덕분에 노동계약서를 작성하지 않는 것과 주휴 수당을 주지 않는 사업장에는 각각 500만 원의 벌금이 부과된다는 것도 배웠다. 그래도 그동안 내게 일자리를 내어준 고마움도 있기에 제소하지는 않았다.

주민센터는 행정기관이다. 물론 자치회는 부속기관이기는 하지만 청소를 하다 보면 가끔 구청장이 다녀갔다. 구청장이 올 때 청소하는 사람이 가장 힘들다. 직원이 여기저기 지적하며 닦달했다.

'구청장은 구청장실에 있을 것이지, 왜 와서 청소하는 사람을 힘들게 하지?'

나는 속으로만 구시렁거렸다. 고용노동부에서 한 할머니를 만났다. 휴게소에 앉아 답답한 심정을 토로했더니 그 할머니도 억울한 사정을 털어놓았다. 치과에서 10년을 청소했는데 퇴직금을 못 받아 너무 억울해 잠을 잘 수가 없어서 왔다고 한다. 고용노동부에서 조금 더 법망을 촘촘히 해서 불만사항이 나오지 않도록 원천봉쇄를 해주면 좋겠다. 할머니 말을 듣고 나니, 그들이 당하는 억울함을 그냥 보고만 있어서는 안 될 것 같았다.

'당연히 공의를 말해야 하지 않을까?'

스스로에게 질문을 했다. 그런데 그때 성경 말씀이 생각났다. 여호수아 앞에 나타난 하나님의 군대 장관에게 "누구의 편이냐?"라고 하자 "나는 여호와의 군대 장관으로 왔노라"라고 천사장은 대답했다. 억울한 이의 편에 서다 보면 금방 투사가 될 것 같다. 그리스도인들이 자칫 빠지기 쉬운 길이다. 우리는 투사가 아니라, 하나님의 편에 서서 화평케 하는 조정자가 되어야 한다.

> "화평케 하는 자는 복이 있나니 저희가 하나님의 아들이라 일컬음을 받을 것이요(마 5:9)"

화평케 하는 씨앗이 내 마음에 떨어져 열매 맺기를 기도한다.

아름다운 이별 - 시어머니

남편하고는 힘든 일이 많았지만 시집살이는 하지 않았다. 오히려 시어머니께서 며느리살이를 하시지 않았나 생각한다. 가장 큰 이유는 며느리인 내가 워낙 말이 없었기 때문이다. 흔히들 곰보다

여우가 낫다고들 하는데 나는 곰 중에서도 상곰이었다.

시어머니는 친정의 할머니나 친정어머니와는 매우 다르셨다. 사귐성도 좋고 말하는 것을 즐기셨다. 외출했다 돌아오시면 밖에서 겪은 일을 재현하기 좋아하셨다. 그럴 때마다 난 머리가 아팠고 적응이 되지 않았다. 시아버님은 양정고보를 다니셨고 호적 서기를 하셨다. 그 당시 공무원 월급은 매우 적었다. 대서 업무를 겸업하면 넉넉한 생활을 할 수도 있었는데, 모두 무료로 해줬기 때문에 가난은 식구들이 짊어져야 했다. 시누이는 늘 이렇게 말했다.

"아버지가 살아계셨다면, 며느리를 마음에 들어 하셨을 텐데."

그 말을 유추해볼 때 시부모님의 성향은 매우 다르셨던 것 같다. 시어머니도 결혼 생활에서 남편에 의해 자존감이 많이 무너진 것 같았다. 결혼 초기에는 시어머니를 보며 자주 그런 생각을 했다.

'사람은 사람이기에 갖는 기본적 자존감이 있는데, 어머니는 그 기본이 무너진 것 같다.'

우리 부부가 어머니를 모시다가 중간에 큰 따님 집으로 가시게 되었다. 얼마 후 어머니가 아프시다는 연락이 왔다. 서둘러 어머니를 뵈러 갔다. 막 도착하여 문을 여는 순간에 어머니의 얼굴과 마주쳤다. 그 얼굴에서 단박에 자녀들 고생만 시킨 것이 미안하다는 듯한 회한이 느껴졌다. 무슨 말이라도 해드려야 할 것 같았다. 어머니의 손을 붙잡고 어루만지며 입을 열었다.

"어머니, 어머니는 어머니라는 것 자체만으로도 위대해요, 건일이가 군대 갔을 때 함께 면회 가서 그러셨지요. 제가 '건일이와 짝이 될 좋은 며느리 얻기 위해서 기도해주세요. 어떤 며느리를 얻어야 할지 걱정돼요'라고 했더니, 어머니께서 '너 같은 며느리만 얻으면 된다'라고 하셨잖아요. 저는 그때 그 말을 들으면서 큰 위로와 힘을 얻었어요. 사실 처음엔 저도 저와 다른 어머니의 면만 보고 불만이 많았는데, 어머니가 나를 인정해주시는 말을 들었을 때 '어머니는 과연 어른이시구나' 하고 생각했어요."

그런 대화를 주고받은 후 시어머니 얼굴에서 회한의 그림자가 벗겨졌다. 그리고 얼마 안 있어 소천하셨다. 소천하시고 나서야 내가 어머니께 해드렸던 그 말이 그 어떤 효도를 해드린 것보다 떳떳하고 뿌듯했다. 비록 봄은 세상에 안 계시니 인간적인 언어로 대화할 수는 없으나 시공간을 뛰어넘어 통하고 있는 것 같이 느껴진다. 생전에 용돈 한 번 드린 적이 없고 잘 해드린 것도 없다. 그때 내가 어머니께 해드린 말은 어머니를 위한 말이라기보다는 효도 한 번 제대로 못한 내 마음의 짐을 벗겨주시려는 하나님의 선물이었다.

아들 사진기로 열심히 사진을 찍었는데 조작이 서툴러 그만 어머니와 내가 찍은 30년간의 사진이 다 삭제되고, 이별할 때의 사진 한 장만 남아 있다. 다른 환경의 사람끼리 만나 가족을 이룬다는 것은 쉽지 않다. 하지만 한 지붕 밑에서 부딪히며 살다 보니 세월이 흐르면서 불쌍하기도 했다. 고운 정만 정이 아니라 미운 정도 정이 되었다.

아름다운 이별 - 권필녀 할머니

새벽에 삼각산에서 기도를 마치고 상계동 권필녀 할머니 집으로 심방을 갔다. 신발을 벗어놓고 마루에 막 올라섰다. 방에 할머니가 앉아 계셨다. 할머니는 나를 마주 보는 순간 조롱을 해댔다.

"아이고, 저 얼굴 좀 봐. 심술이 닥지닥지 붙어 있네."

날카로운 말의 손톱이 내 마음을 확 긁었다. 마음이 상하려 했다.

'아니, 나름대로 최선을 다해 순종하고 달려왔는데, 얼굴에 심술이 닥지닥지 붙었다니.'

그런데 순간 내 입에서 다른 말이 나왔다.

"아, 맞아요. 내 얼굴에는 심술이 덕지덕지 붙었는데도 예수님은 사랑해 주시네요."

그랬더니 이번엔 칭찬을 해댔다.

"목사님은 산에 가고 없는데도 아이들도 잘 키우고, 기도도 열심히 하고, 교회 일도 잘 하네요."

마치 나를 키에 올려놓고 까부는 느낌이 들었다.

"아, 그래요. 예수님이 도와주시는 은혜 때문이지요."

화를 낼 필요가 없었다. 이 조롱은 할머니가 아니라 원수가 내게 하는 것이기 때문이었다. 이 할머니는 큰 시누이의 시어머니였다. 갑자기 치매가 나타나 횡설수설하며 벽을 다 뜯어놓고 변을 발라

놓는다고 했다. 그날 나는 치매 할머니의 특별한 환영을 받은 것이었다. 조금 있으려니 이웃에 사는 권사님이 들어왔다. 할머니는 또 환영식을 했다.

"아이고, 지금 며느리가 까만 놈들과 놀아나고 있다."

들어서던 권사님의 안색이 어두워지려 했다. 내가 대신 말을 받았다.

"맞아요. 세상에는 까만 놈들이 꽉 차서 모두 놀아나고 있는데요."

그제야 권사님의 안색이 풀렸다. 아침부터 두 사람이나 환영식을 하느라 지치셨는지 할머니는 방에 누우셨다. 누워서는 벽 속에 까만 놈들이 들어있다며 또 벽을 찢으려 했다. 나는 방으로 들어가 할머니 가슴에 손을 얹어 기도했다.

"할머니, 예수님 믿지요?"

고개를 끄덕이셨다.

"그럼 할머니 마음에는 성령님도 계셔요. 그러니까 까만 놈들이 보이면 '물러가라'라고 하면 돼요."

그런데 할머니 입에서 놀라운 말이 나왔다.

"그럼 난 존귀한 존재네."

난 정말 깜짝 놀랐다. 이런 존재론적 명제가 이 어른의 입에서 나올 줄은 전혀 생각하지 못했다. 너무 기뻐서 손을 잡았다.

"맞아요. 할머니는 존귀한 존재이고 말고요."

할머니는 비로소 얼굴이 편안해지면서 온몸에 긴장감도 풀렸다. 그 후부터는 누워는 있었지만 까만 것들에게 시달리지 않았다. 이 할머니에게는 두 아들이 있었다. 큰아들은 영화배우 못지않은 외모로 서라벌 예대에 다니다가 정신질환이 발병해서 요양원에 있는 형제였다. 둘째 아들 역시 훤칠한 외모에 착한 심성을 가진 사람이었다. 첫째 아들 치료에 매달리느라 고등학교에 다니던 둘째를 돌보지 못했는데, 그 과정에서 둘째에게 우울증이 발병했다. 첫째 때문에 놀랐던 어머니는 둘째를 서둘러 정신병원에 입원시켰다. 그 과정에서 쇼크가 와서 둘째도 정신병이 생겼다.

이런 상태에서 전도사였던 큰시누이가 그 집 큰아들과 결혼을 했다. 그래서 알게 된 가정사의 한 단면이다. 이 할머니도 아들들로 인한 자책감 때문에 자존감이 무너진 것은 아닐까 생각했다. 그런데 성령님께서 함께하신다는 말에 자신이 '존귀한 존재'임을 자각하여 무너졌던 자존감을 회복했다. 무너져서 오랫동안 황폐했던 담을 수축할 것이라는 이사야의 말씀이 이것이었을까?

할머니가 겪은 아픔의 세월은 영혼의 진주를 키웠다. 할머니는 나에게 그 진주를 한 알 선물하고 떠나셨다. 시누이는 그 가정의 가족이 되어 그 모든 짐을 졌다. 나에게 하나님은 시누이의 헌신에 잠시 심방으로 참여하게 하셔서 아름다운 이별 사진을 한 장 함께 찍는 상급을 주셨다.

아름다운 이별 - 황원진 집사님

아이들이 초등학생 때인 1980년대였다. 나는 철도 없고 경험도 없는 초보 사모였다. 그때 황원진 집사는 50대 후반의 남자 성도였다. 황 집사에게 중풍이 일찍 찾아왔다. 누워 있지는 않으나 경제 활동을 할 만큼은 안 되었다. 집사님은 철없는 내게 가끔 하소연을 했다.

"사모님, 온몸이 바늘로 찌르는 것 같이 아파요."

그러나 나는 어떤 위로도 해주지 못했다. 무심하게 듣기만 했다. 남편이 환자들을 위해 큰 소리로 기도해주고 있는데도 같이 기도할 생각도 믿음도 없었다.

'큰 소리로 기도한다고 병이 더 잘 나을까?'

그런 황 집사가 어느 날부터 성미라며 쌀을 가져왔다. 성미는 대개 여전도회에서 모으는데 남자 성도가 가져오는 것이 이상해서 물었다.

"집사님, 남자가 웬 성미예요?"

"동냥했어요."

또 교회 의자 밑이 지저분하여 보았더니 난방에 필요한 배관용 호스가 있었다. 그것도 황 집사가 갖다 놓은 것이었다.

"그런데 배관용 호스는 뭐하시려고?"

"아, 교회 바닥을 방처럼 따뜻하게 하려고 조금씩 사서 모았어요."

"또 동냥했어요?"

"예. 하고는 싶은데 돈은 없고 해서 동냥했어요."

"괜찮으니 구걸은 하지 마세요."

어느 날은 이런 말도 했다.

"내가 며칠 있으면 환갑을 맞이하는데, 그날 입고 싶어서 양복 한 벌만 해달라고 했더니 아내가 거절을 했어요."

그러더니 못내 아쉬운 표정이 역력한 얼굴로 한마디 덧붙였다.

"내가 죽고 나면 후회할 거예요."

그러나 나는 별스럽지 않게 들었다.

'아니, 사람이 죽는 것이 그리 쉬운 일인가.'

그 주일예배 때 황 집사가 대표기도를 하게 되었다. 기도하러 일어서더니 울기부터 했다.

"하나님, 지금 우는 것은 슬퍼서도 아니고 아파서 우는 것도 아닙니다. 너무 감사해서 우는 거예요. 지금까지 지내온 것이 주의 크신 은혜라 한이 없는 주의 사랑 어찌 이루 말하랴."

황 집사는 울면서 찬송한 후 기도를 마쳤다. 예배를 마치고 나간 황 집사가 손에 검정 비닐봉지를 들고 들어와 내게 내밀었다. 사과 몇 알과 통닭 튀김이었다. 함께 맛있게 나누어 먹으면서 우리끼리 말을 나누었다.

"저 집사님 오늘 왜 저러시지?"

"그러게 말이야."

우리와 이별을 준비하는 것인 줄을 우리도 황 집사 자신도 몰랐다. 오직 성령께서 준비해준 조촐하고 아름다운 이별 환송식을 우리가 함께한 것이다. 그 주 화요일 황 집사는 새벽 예배를 드리러 오다가 교통사고를 당해 눈물도 없고 아픔도 없는 평화의 나라로 이사했다.

그때 나는 예수를 영접한 지 얼마 되지 않은 상태로 사모가 되어 성도들 앞에서 내색은 안 했지만 마치 정글 속에서 길을 잃은 것 같은 당혹감에 눌러 있었다. 그날 내가 황 집사에게 "기도에 은혜 받았어요"라든가 "뭐가 감사해서 울었어요?"라고 물어봤다면 얼마나 좋았을까. 그 집사님의 삶을 좀 더 알 수도 있었을 텐데 하는 아쉬움이 많다. 황 집사의 마지막 모습은 아름다웠다. 동냥은 하나님을 향한 황 집사의 사랑이었음을 이제는 안다. 황 집사의 마지막 대표기도는 아직도 내 기억 속에서 아름다운 영상으로 남아 있다.

자연의 책

옥상 텃밭 이야기(1)

　김남준 목사님의 저서를 몇 권 읽었다. 그중에서도 지금까지 또렷이 기억되는 내용이 있다. 미국 목사의 한 저서에서 인용한 글이었다. 우리가 읽어야 할 책 세 권이 있는데 성경책, 자연의 책, 마음의 책이라고 했다. 성경은 글로 기록되어 있으니 읽으면 되지만, 자연의 책과 마음의 책은 어떻게 읽어야 할까 하는 숙제가 생겼다. 하나님께서 창조한 자연을 누리며 살고 있지만, 내 삶의 무게에 발버둥치느라 마음의 여유가 없었다. 이런 내게 하나님은 자연책을 읽을 수 있도록 교과 과목을 개설해 주셨다. 어느덧 옥상에 화분과 스티로폼 박스가 늘어나 텃밭을 이뤘다. 자연은 성경 해석학 교재였다.

초등학교 때 가장 난해한 과목은 음악이었다. 이론을 어려워하지는 않았다. 그런데 피아노 건반을 그려 거기에 번호를 매겨놓고는 '도#'은 이 중에서 몇 번을 눌러야 하는가 하는 문제는 도저히 알 수가 없었다. 1960년대 시골 학교의 악기는 고작 풍금 한 대뿐이었다. 음악 시간이 되면 풍금을 밀고 와서 선생님이 치시는 데 우리는 노래만 불렀으니 건반이 희고 검다는 정도 외엔 아무것도 알지 못했다.

더 어려운 건 따로 있었다. 흰 건반도 문제지만 도대체 검은 건반은 왜 눌러야 하는지 궁금했다. 만약 피아노를 한 번만 쳐봤다면 그야말로 누워서 떡 먹기였을 텐데, 어디서도 배울 데가 없었다. 내게 건반 누르기 문제는 거대한 벽이었다.

성경이 어려운 이유가 이와 비슷하다고 생각한다. 피아노처럼 실물과 함께 읽지 못하면, 믿는다고는 하지만 알기 어려운 부분이 있다. 그래서 '성경은 난해하다', '아이러니하다'고들 하는 게 아닌가 싶다. 성령께서 선장이 되시고 성령 충만함으로 주의 은혜가 폭포수처럼 주어졌지만, 나는 한 방울도 전하지 못했다. 그 전달자가 왜 나냐며 푸념하기 바빴다.

그런데 하나님이 창조한 자연은 성경 해석학 책이며 피아노와도 같았다. 예수께서 오병이어를 들어 축사하신 후 제자들의 손에 나누어 주셨고, 제자들은 군중들에게 떼어 주었다. 그때는 떡이었지만, 지금은 보이지 않는 살과 피를 떼어 주어야 한다. 나는 한 조각도 떼어서 나눌 수 있는 능력이 없다. 옥상에 몇 개의 화분을 놓고 자연을 운운하는 것이 민망하기도 하다.

그런데 텃밭에서 식물을 키우면서 예수님의 진리를 자연이라는 바구니에 담아 나누어 줄 수 있게 되었다. 자연에서 깨달은 것이 진리인 성경 말씀을 전하는 역할을 했기 때문이다. 배우지 못한 것 때문에 주어진 은혜를 증거하지 못한다고 답답해했는데, 하나님의 대안학교인 삶의 현장에서 몸으로 체득한 것으로 보리떡을 만들 수 있었다.

"그러나 교회에서 네가 남을 가르치기 위하여 깨달은 마음으로 다섯 마디 말을 하는 것이 일만 마디 방언으로 말하는 것보다 나으니라(고전 14:19)"

옥상 텃밭 이야기(2)

성령의 임재하심이 있으니 새벽에 부르짖는 기도는 쾌변할 때처럼 시원해서 행복하다. 그러나 기도를 마치면 그때부터 잠시 고민이 된다. 육신의 나이가 있으니 잠깐 집에 들어가 쉴까 갈등하는 것이다. 그러나 막상 누워도 잠이 오지는 않는다. 그럼 아픈 몸을 일으켜 옥상으로 향한다. 매일매일이 거의 그렇다.

옥상에 고추, 가지, 토란, 아욱, 상추, 들깨, 달래, 생강. 비트 등을 심었다. 나무로는 아로니아와 뽕나무가 있다. 또 비름나물, 까마중, 쇠비름, 채송화를 비롯해 크고 작은 풀꽃들이 사이좋게 동거하며 모여 있다. 고추는 60여 그루나 심었는데 2018년에는 마른 고춧가루를 꽤 많이 얻을 정도였다. 고춧값이 비싼데 결과물이 쏠쏠해서 내심 반겼다.

　고추 기르기를 가장 힘들게 하는 상대는 진딧물이다. 한두 마리 정도는 돋보기를 쓰지 않으면 보이지 않을 만큼 작다. 진딧물은 개체 수가 적을 때는 손으로 없애면 되는데, 떼를 이루면 감당할 수 없다. 아무리 문지르고 문질러도 제거되지 않는다. 고춧잎이 누렇게 되고 고추도 떨어진다. 물론 농약을 치면 되지만 무농약 고추를 얻고 싶어서 최대한 수작업으로 돌보고 있다. 다행히도 옆 화분에 심은 고추에는 진딧물이 없다. 거름과 연관이 있는 것 같아 일주일 단위로 퇴비를 주었다. 그랬더니 진딧물이 사라졌다.

　사람은 몸의 면역력도 높여야 하지만, 예수님의 살과 피를 먹어 속사람의 면역력을 높여야 강건하다. 하나님의 아들을 믿는 것과 아는 일이 하나가 되어 온전한 사람을 이루어야 그리스도의 장성한 분량이 충만한 데까지 이르러야 사람의 궤술과 간사한 유혹과 모든 교훈의 풍조에 밀려 요동치 않게 된다.

　옥상 귀퉁이 가장 작은 화분 세 개에는 채송화가 자라고 있다. 아니 자란다기보다는 목숨을 부지하고 있다. 나는 이 채송화 화분을 몇 년째 방치했다. 우리 옥상은 옆에 큰 건물이 없어 그늘이 지지 않는다. 풍납동이라 강바람도 세다. 그러다 보니 겨울에는 더 춥고 여름에는 더 뜨겁다. 한여름에는 고추나 채소류에 하루에 두 번씩 물을 주어야 한다. 고추 곁의 잡초는 덩달아 물을 얻어먹지만, 이상하게 작은 화분의 채송화에는 물도 주지 않고 거름도 주지 못했다. 채송화 꽃이 예쁘기는 하지만 내 식탁에 도움을 주는 것은 아니기에 관심이 가지 않았다. 그럼에도 몇 년째 살아 있다.

놀라운 것은 물이 없으니 채송화 잎이 선인장처럼 변해, 그 뜨거운 폭양을 견디어 내고 살아 있다는 점이다. 채송화에까지 그 폭양에 대처할 수 있는 창조성을 주신 하나님의 섭리가 내 시선을 사로잡았다. 채송화는 폭양 같은 환경이 닥치더라도 견디어 내야 한다는 속사람의 자세를 내게 보여주었다. 그때부터 채송화는 내 가슴에 새겨진 특별한 존재가 되었다. 이 채송화를 큰 화분에 옮겨 심으려다 그냥 두었다. 나만의 특별한 채송화로 남겨두고 싶어서다.

우리 교회는 이 채송화 같은 환경이다. 지금까지 이 채송화처럼 살았다. 하나님은 채송화 같은 우리 교회의 환경을 변화시키는 대신 그 환경에 견디는 능력을 주셨다. 견디는 모습이 하나님께 특별한 존재로 기억된다면 만족이다.

옥상 텃밭 이야기(3)

호박은 채송화와는 덩치부터 비교가 되지 않는다. 성장 환경도 다른 식물이다. 호박은 인내심과는 거리가 멀어 뜨거운 옥상 환경을 하루도 버티지 못한다. 호박은 물을 흠뻑 주어야 겨우 하루를 견딘다. 초기에는 옥상에 수도시설이 없었다. 양동이에 물을 들고 올라가야 했는데, 그나마도 물이 찔찔 나오기 때문에 늘 물 부족에 시달렸다.

그리 크지 않은 스티로폼 박스에 호박을 심었다. 심으면서도 호박 열매를 기대하지는 않았다. 매해 호박을 심었지만 몇 해째나 호박이 열리지 않아 그저 호박잎이라도 먹으면 된다는 심정으로 심었다. 마디 호박이 아닌 둥근 호박 모종을 사다 심었는데 처음으로 호박이 자라기 시작했다. 약 2m 정도 자랐는데 오래지 않아 탁구공만 한 열매가 맺혔다. 호박은 암꽃과 수꽃이 한 줄기에서 따로 핀다. 그리고 호박이 맺혔다고 해서 다 큰 호박으로 자라지는 않는다. 수꽃의 꽃가루가 수정되어야 자라지 수정되지 못하면 열매는 금방 시들어 떨어진다.

호박이 수꽃보다 먼저 피었기에 인공수정도 해줄 수 없어 곧 떨어지려니 했다. 그런데 호박이 무럭무럭 자란다. 아마 벌이 다녀갔나 보다. 하루가 다르게 덩치가 커지니 나도 신바람이 났다. 물도 듬뿍 주고 거름도 열심히 주었다. 호박은 쑥쑥 커 갔다. 그런데 이번엔 호박 줄기가 자라지 않았다. 그래도 대수롭지 않게 여겼다. 어느새 호박이 제법 자라 윤기가 자르르 흐르는 애호박이 되었다. 하지만 처음 열린 호박이라 아까워서 따 먹을 수가 없었다. 호박은 한

참을 자라더니 어느 순간 자라기는 멈추었다. 그리고 마침내 누렇게 익은 늙은 호박의 자태를 드러냈다.

그때부터 호박 줄기가 자라기 시작했다. 난 깨달음에 박수를 쳤다. 하나의 열매와 여물어 후손을 볼 수 있는 씨를 품기까지는 줄기가 자라지 않고, 모든 에너지를 열매인 호박에 양보했던 것이다. 어떤 설교로도 와닿기 어려운 진리를 호박은 삶으로 증명해 내고 있었다.

넓은 땅에 심어진 호박은 환경자원이 풍부하기에 너도 자라고 나도 자랄 수 있다. 가지나 열매 누구 하나 희생정신으로 숨죽이지 않아도 많은 호박이 달린다. 하지만 조그만 화분에 심어진 호박은 다르다. 하나의 씨를 가진 열매를 내기 위해 다른 줄기들은 기꺼이 희생을 감수한다.

내가 성장한 환경은 마치 뙤약볕에 놓인 작은 스티로폼 상자와 같았다. 모두가 한꺼번에 자라기에는 결핍된 환경이었다. 언젠가 어머니로부터 '5남매를 어떻게 먹여 살릴까 하는 책임의 무게 때문에 죽은 남편을 생각할 겨를도 없었다'는 말을 들은 적이 있다. 어머니는 결핍한 환경 아래에서도 자식들을 하나의 호박 열매로 맺게 하려고 온갖 창조적 노력을 다하셨다. 자식을 낳아놓고 왜 가르치지 않았느냐며 원망하던 불평의 기록은 내 미간에 깊이 새겨져 있다. 그런데 감사하게도 호박의 성장을 보면서 마음의 미간에 새겨진 주름까지 펴졌다.

어머니는 소천하셨다. 어머니에게서 받을 유산은 한 푼도 없다고 생각했고, 전혀 기대도 하지 않았다. 그런데 어머니는 동생을 유산으로 남기셨고, 그 동생의 도움으로 지금까지 견디는 중이다.

나는 옥상에서 딴 늙은 호박을 칼로 반으로 잘랐다. 호박씨가 가득했다.

"너희가 과실을 많이 맺으면 내 아버지께서 영광을 받으실 것이요 너희가 내 제자가 되리라(요 15:8)"

옥상 텃밭 이야기(4)

옥상 화분 농사에서 물은 그야말로 생명수다. 옥상에는 물탱크 하나뿐 수도시설이 없었다. 나중에 수도꼭지를 달았지만 수압이 약해 찔찔 흐르는 정도였다. 그러니 미리 받아 놓았다가 줘야 하는 번거로움은 둘째 치고 늘 물이 부족했다. 그래서 장맛비가 내리면 큰 그릇에 물을 받아 놓곤 하는데, 그 물길을 따라 아주 특별한 손님들이 찾아왔다. 시골 논에서 보았던 소금쟁이다. 소금쟁이가 땅도 아닌 옥상까지 와서 물장구를 치고 있다. 반갑기도 하지만 난 안타깝게 이 손님을 바라본다. 이 물이 말라 없어지면 어떻게 될까 근심스럽다.

배추흰나비는 반갑지 않은 손님이다. 흰나비는 배추, 무, 갓 같은 채소에 알을 뿌리고 간다. 알이 배추벌레가 되어 채소를 갉아먹는다. 배추 옆만 갉아먹으면 성장에는 지장이 없는데, 가끔 중심에 집을 지어 어린 싹을 갉아먹는다. 가운데를 빼앗긴 싹은 성장점을 다쳐 더는 자라지 못한다. 그러다가 시간이 지나면 징그러웠던 애벌레는 흰나비가 되어 하늘을 날아다닌다. 그야말로 환골탈태다.

까마중은 너무 많이 나서 골치가 아프다. 일부를 거둬 청을 만들었다. 어렸을 때 아버지는 까마중을 말려 걸어놓으셨다.

"돼지고기를 먹고 체했을 때 달여 먹으면 낫는다."

아버지 말씀대로 속이 거북할 때 먹으니 소화에 도움이 되었다. 까마중 열매는 익으면 까맣다. 달고 맛있어서 옥상에 올라갈 때 간식거리가 된다. 까맣게 익기 시작하면 이 열매를 먹기 위해 참새와 경쟁을 한다. 열매가 초록색일 때는 아린 맛이 나고 독이 있다. 참새도 이것을 알아서 초록색일 때는 오지 않는다. 까맣게 익으면 날아와 까마중 열매를 터뜨려서 먹고, 씨앗 알갱이들을 흩뿌려놓는다. 그러나 나는 씨까지 다 먹어치운다. 달콤한 까마중 열매를 따먹으면서 혼자 재미있는 생각을 하며 웃는다.

'아마 까마중은 나보다 참새를 더 고마워할 것 같다. 참새는 까마중 씨앗을 멀리 퍼뜨려 번식을 돕지만, 난 씨까지 모조리 먹어치우는 불청객이니까.'

일부 식물 중에는 씨에 독성이 있다고 들었다. 물론 우리에게는 독이지만 그들에게는 생명을 지키는 파수꾼이다. 사람의 자아에도 이런 독성이 있는 것 같다. 때때로 이 독성을 제거한다고 그 안에 있는 생장점까지 갉아 한 인생을 꼭두각시로 만들기도 하고 자기들의 도구로 전락시킨다. 그래서 고난이라는 쓴 나물과 범사의 감사라는 설탕에 푹 발효되어 유익을 끼치는 삶을 살아야 한다.

흙 속에는 지렁이도 있고, 굼벵이도 있다. 처음에는 징그럽던 녀석들인데 이제는 반갑다. 농약을 치지 않으니 용케도 이곳을 찾아온다. 땅이 아닌 옥상에도 생태계가 회복되어 형성되는 게 그저 신기할 뿐이다.

옥상 텃밭 이야기(5)

겨울이 찾아왔다. 옥상 텃밭은 황량하다. 생명체는 전혀 보이지 않는다. 그저 시커먼 흙만 보일 뿐이다. 그 흙이 무엇을 품고 있는지 지금은 알 수 없다. 봄볕이 따스하게 내리쬐면 활발한 생명활동이 일어난다. 그중 비름나물이 있다. 비름이 자라면 뜯어서 삶아 나물로 무쳐 놓으면 식탁이 풍성해진다.

봄에 처음 돋아난 것은 뽑지 않고 그대로 두면 무럭무럭 자란다. 옆으로 여기저기 넓게 뻗기도 한다. 가지에서 또 가지가 나오며 잘도 자란다. 비름은 주기가 짧은 식물에 속한다. 아마 1년에 3~4모작을 할 수 있지 싶다. 마지막에 떨어진 씨는 싹이 나오자마자 씨앗부터 맺는다. 이 가녀린 비름나물조차도 씨를 가진 식물로서의 정체성을 잊지 않고 드러낸다. 초봄에 나면 비름나물은 아직 가을이 멀기에 여유를 가지고 크게 자란다. 비름나물은 초봄부터 자라 초가을 무렵엔 싹이 열매를 맺는다. 한 알의 밀알로 땅에 떨어지신 예수 그리스도가 절로 연상된다.

씨앗 한 알의 위력은 한 알의 꽃씨가 살아 있음을 증명한다. 공원 옆 길가에도 달맞이꽃이 열매를 맺고 있다. 어린 시절 고향에서 흔히 보았던 꽃인데 도시에서 만나니 반갑다. 달맞이꽃 씨를 채취해 옥상 화분에 뿌렸는데 몇 년이 지나도 싹이 나오지 않아 포기했다. 그러다가 5년이 흘렀는데 겨우 한 포기가 나왔다. 싹이 나오더니 크게 자라서 꽃을 피우고 열매를 맺었다. 한 나무에서 100배, 아니 수십만 배도 더 될 만큼의 씨가 맺혔다. 만약 수십만 개의 씨앗이 다 뿌려진다면 아마 2~3년 안에 풍납동 일대가 달맞이꽃 동산이 될지도 모른다. 맹렬한 확산력이 감당이 안 돼 이제는 거의 다 뽑아 버렸다.

달래도 달맞이꽃처럼 순식간에 퍼졌다. 달래는 여름철 식탁을 담당한다, 달래는 부추보다 향이 강하다, 양념간장을 필두로 계란말이에 듬뿍 넣으면 비타민C를 보충해 준다. 방울토마토는 옥상에서 단골로 초청하는 품목이다. 벌써 방울이 빨갛게 익어가고 있지만 따 먹지 못했다. 외손녀들에게 자연을 만나게 해주고 싶어서다. 주일예배를 마치니 손녀가 기다렸다는 듯이 재촉한다.

"할머니, 옥상에 가고 싶어요."

옥상에서는 빨간 토마토가 햇볕에 반짝이면서 손녀들을 반겼다. 외손녀가 방울토마토를 열심히 따 먹더니 한마디한다.

"할머니, 토마토를 내가 직접 따서 먹으니 더 맛있다."

"그래, 많이 따 먹어."

대답은 하지만 속으로 나는 엉뚱한 생각을 하며 웃었다.

'아니, 심고 물과 거름을 주는 수고는 내가 다 했는데, 겨우 제 손으로 다 익은 토마토 따 먹으면서 '내가 따 먹으니'라며 생색이네.'

그러면서 스치듯 깨달아지는 것이 있었다. 예수님이 다 이루어 놓으신 열매를 겨우 손 벌려 따 먹는 수고를 하면서 그게 고통스럽다고 불평을 한다.

'예수께서 고난을 당하셨으면 그것으로 되었지, 저도 고난을 당해보라고요?'

이렇게 혼자 원망했던 날들을 회개했다.

옥상 텃밭 이야기(6)

새 생명은 매일매일 돌보고 가꾸어야 하기에 많은 수고가 필요하다. 그러나 우리의 옛사람은 잡초처럼 번성한다. 예수께서는 죽은 자를 장사하고 오겠다고 한 자에게 "죽은 자는 죽은 자에게 맡기고 너는 나를 따르라"라고 말씀하셨다. 사랑이신 예수께서 왜 이렇게 냉정하게 말씀하셨을까 생각했다. 해답은 옥상 텃밭에 있었다.

CBS 〈새롭게 하소서〉라는 프로그램에 한 장로님이 나왔다. 중증 장애인을 돌보는 사역을 하고 계셨다. 장로님은 딸이 미국에서 소천했지만 장례식에 갈 수가 없었다고 한다. 돌보는 아이들이 스스로 식사를 할 수 없는 상태라 다른 사람에게 맡길 수 없어서였다.

삼복더위가 오면 옥상은 펄펄 끓는다. 물만 잘 주면 파란 고추도 태양초가 되지만, 물이 없으면 식물들이 마르고 타 죽는다. 옥상에서는 뜨거운 고난도 생명의 물만 마시면 많은 열매를 맺을 수 있지만, 물이 부족하면 죽을 수밖에 없다는 걸 알게 한 학습장이다.

부활하신 주님이 베드로에게 "요한의 아들 시몬아 네가 이 사람들보다 나를 더 사랑하느냐?"고 물으시면서 "내 양을 먹이라 내 양을 치라 내 양을 먹이라"라고 세 번씩이나 말씀하셨다. 왜 그러셨을까 궁금했는데, 옥상의 상태를 보면서 궁금증이 풀렸다. 2017년 6월, 공원 말뚝에 걸려 넘어졌다. 발목이 골절되고 인대가 파열되어 입원을 했다. 옥상 농장을 아들에게 부탁했다. 퇴원한 후에도 옥상까지는 올라갈 수가 없었다. 한 달쯤 지나서야 올라갔을 때 나는 아주 깜짝 놀랐다. 가꾸고 돌봐주지 못한 티가 났기 때문이다.

아들이 그래도 물은 주어서 식물들이 죽지는 않았지만, 성장은 물만으로는 이루어지지 않는다. 풀도 뽑아주고, 벌레도 잡아주어야 하며, 필요 없는 가지는 쳐내는 등 끊임없는 손길이 가야 비로소 열매를 거둘 수 있다. 그러고 보면 예수님이 베드로에게 세 번이나 물으신 것은 베드로에게 주님의 양을 돌보는 일을 맡기려는 위임식이었다.

9월 초가을의 햇살이 따갑게 내리쬐고 있었다. 눈을 들어 하늘을 쳐다보았다. 구름 한 점이 없었다. 천고마비의 파란 하늘이 펼쳐져 있고, 가을 햇살이 거칠 것 없이 비추고 있다. 순간 그 태양빛이 너무 아깝게 느껴졌다. 여름 장마 때 고추를 전기장판에 말리느라 고생했던 게 떠올랐다. 저 햇볕을 활용하면 무말랭이도 만들고 무청으로 시래기도 더 만들 수 있다. 예수님의 사랑이 햇빛처럼 온 세상을 덮고 있고, 성경은 그 사랑을 영원히 누리는 정보로 가득 차 있지만, 그 사랑을 흡수하여 내 안에서 온전히 이루어지기를 기도하기보다는 무심코 흘려버리는 일이 더 많다.

옥상에서의 가을 농사는 배추와 무다. 배추와 무청은 녹색인 줄만 알았는데, 가을 끝자락에서 보니 배추와 무청의 겉잎이 보라색으로 물들어간다. 새로운 발견이다. 채소와 열매는 원래 녹색, 보라색 등 처음부터 고유의 색깔을 가진 줄 알았는데, 초록색이 보라색으로 변하고 있었다. 우리 옥상은 햇볕이 여과 없이 쏟아진다. 그런데 그 빛에는 빨, 주, 노, 초, 파, 남 보가 숨어 있나 보다. 그런데 보라색의 파장이 가장 짧단다. 그래서 햇빛을 오래 받아야 나타나나 보다.

"하나님께서 예수 그리스도의 얼굴에 있는 하나님의 영광을 아는 빛을 우리 마음에 비추셨느니라(고후 4:6)"

그 빛이 우리 마음에 비취도록 일광욕을 해야 할 것 같다. 그 빛이 품고 있는 색을 통해 거룩한 성의 성곽을 이루는 보석을 이루고 싶다.

옥상 텃밭 이야기(7)

간증을 쓰고 싶어 북코칭 강의에 참석했다. 개강 첫날 한 편의 글을 써오라는 숙제가 주어졌다. 어떻게 시작해야 할지 도무지 알수 없었다. 그런데 '결핍'이라는 단어가 떠올랐다. 그 단어는 지금까지 한 번도 사용한 적이 없었다. 결핍이 어린 시절과 연관되자 어설프게라도 글을 쓰게 되었다. 지금 보니 나는 일흔을 바라보는 지금까지도 결핍이라는 단어에서 벗어나지 못하고 있었다.

옥상 텃밭은 결핍을 해결하는 역할을 했다. 새벽기도 후에는 몸이 많이 차다. 몸의 온도를 높이려면 생강이 좋다고 했다. 내 형편으로는 생강도 비싸서 선뜻 살 수가 없었다. 하지만 해결책이 있었다. 생강을 사다 심으면 된다. 생강은 씨가 아니라서 심는 방법이 다르다. 감자처럼 싹이 트는 부분을 잘라서 심으면 된다. 그래서 씨를 뿌리는 것보다는 씨값이 좀 더 든다.

가을이 되면 생강 줄기가 1m 정도 자란다. 그 잎과 줄기에서 풍기는 생강 향은 청량제이다. 먼저 줄기를 채취해 생강 줄기와 잎으로 청을 담갔다. 생강잎 청에 비율을 맞춰 생강을 넣으면 생강 식초가 된다. 당뇨가 있어서 설탕으로 담근 청은 먹을 수가 없다. 당뇨는 절제해야 할 음식이 많다. 먹을 만한 것이 없다. 대신 식초는 당뇨 관리에도 도움이 된다고 했다. 식초라도 먹어야겠다는 심정으로 우유에 식초를 타서 먹었다. 식초가 장운동을 촉진하는 데 도움을 주었다. 만약 생강을 사서 먹는다면 잎과 줄기 같은 부산물은 얻을 수가 없다.

작년 봄에는 가지나무를 네 그루 샀다. 조금 큰 스티로폼 상자에 거름을 충분히 넣고 심었더니 보라색 윤기가 자르르 흐르는 가지가 주렁주렁 열렸다. 이 가지는 옥상에 올라갔을 때의 내 간식인데, 먹고도 남을 정도로 많이 열렸다. 강아지들과 공원에 들렀을 때였다. 평소 안면 있는 분이 산책을 하고 있었다. 안색이 누렇고 건강에 이상이 있어 보였다.

"아파 보여요."

"당뇨로 합병증까지 생겼어요."

가지를 건네주었더니 가지가 건강에 좋다며 달게 먹었다. 가지 덕분에 친분이 생겼다. 고추와 달래도 이웃에게 한 움큼씩 나눠주었다. 나눠주고도 여름 내내 주방의 양념 재료가 되었다. 만약에 채소를 심지 않았다면 고추 한 개도 나눌 수 없었을 것이다.

나는 어린 시절부터 결핍된 환경에 있었다는 생각으로 도배가 되어 있어서, 내게 채워져 있어도 없는 것으로만 여기고 살아왔다. 그럼에도 불구하고 심었더니 혼자서는 다 먹을 수 없을 만큼의 여분이 생겼다. TV를 시청하는데 비트가 좋다고 한다. 내 건강상태에 딱이라 9월 초에 얼른 씨를 사다 뿌렸다. 이거 역시 이웃과의 친분을 맺어주는 윤활유가 되었다. 하나님 안에서는 결핍도 예수님의 모든 충만을 흡수하는 스펀지가 된다.

옥상 텃밭 이야기(8)

해마다 빼놓지 않고 아욱과 토란을 심었다. 아욱을 심기 시작한 것은 친정어머니가 아욱국을 좋아하셨기 때문이다. 어머니는 입맛이 별나게 민감하셨다. 된장국을 먹으면서도 "이 된장은 콩 삶을 때 태웠다"라고 하실 정도다. 어머니는 시장에서 사 오는 것은 비료로 키워 쓴맛이 난다고 하셨다. 그래서 비료를 주지 않고 키운 아욱은 모두 어머니께 드렸다. 이제는 안 계시지만 어머니 생각이 나서 계속 아욱을 심고, 작년에 처음으로 어머니 대신 내가 아욱국을 끓여 먹었다. 아욱은 먹을 만큼만 베어주면 또 자라기 때문에 실용적이다.

토란을 해마다 습관처럼 심었다. 토란은 껍질 벗기는 것도 손이 많이 가고, 아린 맛을 제거하려면 오래 끓여야 했기에 선뜻 도전을 못 했다. 그럼에도 어렸을 때 친숙했던 탓인지 빈 곳을 보면 꼭 토란 생각이 났다. 시골에 살 때는 토란을 많이 심었다. 토란잎은 넓다. 비가 오면 토란잎을 잘라 우산이라고 쓰고 다니며 놀았다. 비라도 오면 토란잎에는 은구슬이 굴러다녔다. 가을이 되면 토란을 캤다. 토란에는 독이 있어 만지면 손이 가려웠다. 그래서 토란 까는 일은 모두 할머니의 몫이었다.

"할머니, 안 가려워요?"

"아이들 손은 연해서 토란 독이 오르지만, 늙으면 손 가죽이 두꺼워져서 괜찮다."

할머니는 토란을 깔 때 달챙이 숟가락으로 긁으셨다. 내가 늙어 보니 손 가죽이 두꺼워지는 게 아니었다. 오히려 얇아져서 고무장갑에 의존해야만 했다. 할머니가 돌아가신 지 40년이 흘렀다. 할머니 모습은 거의 잊어버렸지만, 나는 무의식적으로 토란을 심었다. 토란은 할머니와의 추억이었다. 옥상 텃밭은 이래저래 추억의 장소다.

나이 일흔을 앞두고 보니. 겉사람이 후패하고 있음을 여러 가지 변화에서 절감한다. 제일 안타까운 것은 젊었을 때 읽었던 성경 말씀들이 많이 잊히는 것이다. 그럼에도 불구하고 감사한 것은 고난의 쓴 나물은 새겨져 있다는 점이다. 그 맛이 쓸수록 고난 속에서 체득한 진리는 알토란처럼 깊이 새겨진다.

"모든 사람이 죄를 범하였으매 하나님의 영광에 이르지 못하더니 그

리스도 예수 안에 있는 구속으로 말미암아 하나님의 은혜로 값없이
의롭다 하심을 얻은 자 되었느니라(롬 3:23~24)"

의롭다 하심을 받았으면 영화롭게 하심도 받아야 한다. 영화롭
게 함은 주의 영광을 볼 때 입혀진다. 주의 영광을 보지 못하는 이
유는 수건이 덮여 있기 때문이다.

> "우리가 다 수건을 벗은 얼굴로 거울을 보는 것 같이 주의 영광을 보
> 매 저와 같이 화하여 영광으로 영광에 이르니 곧 주의 영으로 말미암
> 음이라(고후 3:18)"

고난은 죄 때문이 아니라 수건을 벗겨내는 통증에서 나온다. 통
증을 통해 보게 된 주의 영광은 내 안에 새겨져 산돌 같이 신령한
집으로 건축된다. 아욱과 토란이 없었다면 내 기억 속의 엄마와 할
머니는 그 흔적을 쉽게 찾을 수 없었을 것이다.

마음의 그릇 키우기

토기장이이신 하나님께서 진흙 한 덩이로 그릇을 빚으셨다. 사
도 바울은 고린도 성도들에게 마음을 키우라고 권면하고 있다. 옥
상에 있는 화분의 크기는 제각기 다 다르다. 텃밭을 일굴 때 식물

크기에 맞춰 그릇을 선택했기 때문이다. 옥상 농사를 지으면서 그릇의 크기를 실감한다.

아로니아, 뽕나무, 대추나무는 큰 나무로 자랄 수 있는 품종이지만 옥상에서는 크게 자라면 감당할 수가 없다. 꽃과 나무들은 화분의 크기 이상 자라지 못하니, 식물의 규모를 정하고 싶으면 그에 맞는 화분을 선택하면 된다. 작은 화분에 심어진 채송화는 10년 가까이 되었지만 늘 난쟁이다. 어느 날 그 화분의 채송화 씨앗이 옆에 있는 스티로폼 화분에 떨어졌다. 그랬더니 온 박스에 넘쳐나도록 크게 자랐다.

성령 하나님께서는 길이신 예수 그리스도의 생애를 안내하셨다. 그 길은 반듯한 도로 위로 걷는 길이 아니다. 물고기 뱃속에 요나가 들어가듯 예수 안으로 하늘 성소까지 연결되었다. 내 영적 상태는 지금 가나안 땅에 2세들을 데리고 입성해 전쟁을 치르고 땅을 분배받아 땅의 소산물을 먹는 과정에 있다. 성령의 인도함을 받는 과정에서 가장 씨름이 클 때는 바로 그릇을 키울 때다. 나무를 크게 키우려면 분갈이를 하듯, 하나님은 지금 내 영적 그릇을 키우고 계신다. 그래서 통증이 크다. 물론 그릇이 커지면 어렵기만 하던 성경 말씀이 재미있어진다. 옥상 농사는 그 과정을 정리할 수 있는 지각을 열어주었다.

성경은 시절을 좇아 과실을 맺으라고 한다. 내 생각에 옳은 것일지라도 하나님의 때가 맞지 않으면 옳다고 볼 수 없다. 예수께서는 우리가 천기는 분별할 줄 알면서도 시대의 표적은 모른다고 안타까워하셨다. 식물들이 한창 클 때 줘야 하는 비료와 열매를 맺을 때 주는 비료가 다르듯, 그릇이 크기에 따라 먹여주시는 말씀의 양식이 다르다. 단단한 식물을 먹을 줄 아는 지각으로 선악을 분별할 수 장성한 사람이 되려면 연단이 필요하다. 그릇이 커지느라 통증을 느낄 때마다, 때를 따라 무엇을 어떻게 해야 할지 대안을 제시해줄 수 있는 사람을 붙여주시기를 기도한다.

땡순이와 똘망이

남편은 나를 향해 늘 사람을 너무 잘 믿는 바보라고 했다. 나는 자라면서 할머니와 어머니가 다른 사람 흉보는 것을 들은 적이 없다. 우리 집에서는 그런 행동을 금기시했다. 그 덕분인지 나도 사람을 부정적으로 생각하지 않았다. 더 엄밀하게 말하면 나 혼자의 세계에 만족하느라 무관심했다.

강아지 땡순이를 안고 다니면 사람들이 땡순이에게 말을 건넨다. 땡순이는 꽤나 영특해서 처음 듣는 말에는 고개를 돌려 나를 빤히 쳐다본다. '저 말이 무슨 뜻이냐?'고 묻는 것 같아서 설명을 해주었다. 설명해준 말은 다시 묻지 않았다. 땡순이 스스로 경험한 행동들이 자기에게 매뉴얼이 되었다. 그걸 보면서 아이들을 키우기 전에 강아지를 키웠다면 자녀교육을 더 잘하지 않았을까 싶어 아쉬웠다. 강아지야말로 초기 교육이 중요하다. 땡순이를 보며 성경 말씀이 생각났다.

"율법 없는 이방인이 본성으로 율법의 일을 행할 때는 이 사람은 율법이 없어도 자기가 자기에게 율법이 되나니(롬 2:14)"

땡순이는 자기의 경험이 자기에게 법이 되었고 그 법을 지켰다.

똘망이는 업둥이다. 털이 길어 땅에 끌렸다. 매우 더러운 목줄과 끈을 매달고 풍납동을 떠돌았다. 혹시 집을 잃었나 싶어 동물병원에 데리고 갔다. 병원에서 2주간 보호하는 동안에 주인이 나타나지 않으면 보호소로 간다고 했다. 또 한 달간 보호하는 동안 키울 사람이 없으면 안락사를 시킨다고 했다. 그 말에 마음이 아파 입양했다. 동물병원에서 미용을 해주고 예방주사도 놔주며 후원을 해주었다. 똘망똘망 해보여 '똘망이'라는 이름을 지어주었다.

똘망이는 4살에 접어든 수컷이다. 잘 논다. 땡순이는 영특하지만 까칠해서 나를 힘들게 했다. 똘망이는 착하고 사회성도 좋다. 그런데 패트병만 보면 구석에 가서 숨었다. 전에 주인이 패트병으로 길들였나 보다. 우유만 먹여서인지 장이 발달하지 못해 똥이 가늘었는데 지금은 굵어졌다. 요즘은 동네 공원에서 귀여움을 독차지한다.

식물과 달리 동물의 세계는 조금 복잡하다. 호박은 하나의 열매가 맺히기까지 하나님의 능력과 신성을 그대로 나타내고 있어 좋았다. 그런데 동물의 세계는 인간의 축소판 같다. 땡순이의 나이는 10살이다. 사람으로 치면 60대 중반이란다. 전에는 간식을 던져줄 때 내 손만 봐도 떨어지는 곳을 알고 뛰어갔는데, 지금은 찾아 먹는 일도 조금씩 헤맨다. 피부에 주름도 생겼다. 요즘 점점 땡순이의 생명이 다 되어가는 것 같아 측은하고 마음이 아린다.

'아! 바로 하나님의 긍휼이 이런 것이겠구나. 영원하신 하나님께서는 인간의 생명이 70-80년으로 끝나고, 영원한 불못으로 떨어져야 한다는 것이 얼마나 불쌍하시고 안타까우실까.'

강아지 키우기를 통해 하나님의 긍휼하심을 맛보았다. 그래서 독생자를 보내주셔서 영원한 생명의 길을 주셨다. 사랑할 때 우리 안에서 사랑이 이루어진다는 난해한 말씀이 이해되었다. 땡순이를 목욕시키는 일은 내 몫이 되었다. 땡순이는 목욕을 싫어한다. 물에서 내놓으면 줄행랑을 친다. 하루는 목욕을 시키는데 앙탈을 많이 부렸다. 내놓으면서 "저리 가"라고 했다. 그런데 갑자기 얼어붙은 것처럼 꼼짝을 못 했다. 본능적으로 버림받는 것에 대한 두려움이 내재되어 있는 것 같았다. 끝까지 책임을 져야 할 것 같다.

부록

누구든지 목마르거든 내게로 와서 마시라 나를 믿는 자는
성경에 이름과 같이 그 배에서 생수의 강이 흘러나리라(요 7:37)

*내가 만난 성령 하나님

성령 하나님을 성령론으로 설명할 실력이 내겐 없다. 남편이 산에 올라간 후 아무리 "성령께서 하신다"라고 설교해도 그들은 꿈쩍도 안 했다. 하나님과 성도들 사이의 간격은 하늘과 땅만큼이나 멀었다. 그 간격 사이에서 울며 구로했다. 그 성령의 인도하심을 받으면서 알게 된 것을 조금만 소개하려 한다.

*기도

"이와 같이 우리의 연약함을 아시나니 우리가 마땅히 빌 바를

알지 못하나니 오직 성령이 말할 수 없는 탄식으로 우리를 위하여 친히 간구하시느니라(롬 8:26)"라는 말씀대로였다. 성령께서는 그저 "주여, 주여!"를 부르짖게 하셨다. "주여!"를 부르짖으면서 꼭 강아지들이 멍멍멍 짖는 것 같다는 생각이 들어서 웃기도 했다. 강아지들은 언어가 없다. 그저 멍멍 짖을 뿐이다. 그런데 의미 없는 소리는 없다. 그들의 짖는 소리를 주인은 알아듣는다. 그 멍멍 속에는 다양한 표현이 있다. 그저 "주여, 주여!" 하지만 그 '주여'는 다양했다. 그리고 지각에 뛰어나신 하나님은 다 아신다.

삼각산에서 철야기도를 할 때다. '주여'가 폭포수처럼 쏟아져 나오면서 정수리가 오백 원짜리 동전 크기만큼이나 뻥 뚫리면서 시원해졌다. '아, 이것이 바로 성령 충만이구나'라고 생각하며 기뻐했다. 그러나 그건 시작에 불과했다. 성령의 충만은 한번이 아니라 기도 가운데 죽 이어지며, 정수리의 시원한 부분이 점점 넓어졌다. 온 머리가 시원해졌다. "주여, 주여!"를 부르짖는 힘이 코를 씻어 내려가며 시원해지기 시작했다. 코만 시원해지는 데 3년이 걸렸다.

부르짖는 힘은 가슴을 씻어냈다. 가슴의 답답함이 드러났다. 가슴을 손으로 문지르며 기도하다 보면 면 내복에 구멍이 뚫렸다. "주여!"를 부르짖을 때의 힘이 가슴에서는 꼭 우물을 파 내려가듯 하더니, 어느 날은 배 밑바닥에서 샘물이 터지듯 기도가 터졌다. 생수의 강이 배에서 흐른다는 말씀과 같았다. 말이 뱃속에서 힘차게 나왔다.

* 성령의 인도하심을 분별하는 제1순위

 예수께서 "성령께서 오시면 우리를 진리 가운데로 인도하시게 하려고 보내신다"라고 고별사에서 말씀하셨다. 그리고 내게 기도와 함께 성경을 읽게 하셨다. 그렇다고 성경을 많이 읽은 것은 아니다. 삶의 자리에서 씨름하는 문제들이 있으면 자연스럽게 성장해 나가는 데 필요한 말씀이 깨달아졌다. 식물에 필요한 영양을 공급해야 하듯, 때에 맞게 말씀을 먹게 하도록 나를 이끄셨다.

 딸이 아직 아기일 때였다. 시누이가 밥을 먹이고 있었다. 그런데 아이 입에 들어가는 밥숟가락을 보는 순간에 '아 체할 것 같다'라는 느낌이 들었다. 아니나 다를까. 아이는 체했다. 엄마에게는 밥숟가락이 자동으로 조절되는 시스템이 있다. 성령께서도 때에 따라 말씀을 먹여 체득케 하셨다.

 성경을 읽어가는 과정에서 에스라와 느헤미야서는 건너뛸 때가 있었다. 한 번은 에스라와 느헤미야서를 건너뛰지 않고 읽어가고 있었다. 그런데 그동안 에스라와 느헤미야서를 빼놓고 성경을 읽은 내 상태가 마치 성수대교가 무너져 끊겨 있는 것처럼 느껴졌다. 읽어가면서 보니 붕괴된 다리가 복구되었다.

 성서지리학 과제 때문에 다윗이 사울을 피해 다닌 지명을 찾아 읽고 있었다. 거기서 내 성경 읽기의 상태가 또 느껴졌다. 마치 우주 비행사들의 발이 표면에 닿지 않아 공중에서 헤엄치고 있는 것과 같았다. 그런데 지명에 밑줄을 그으며 읽는 순간, 바닥이 쫙 깔리며 그 바닥에 발을 딛고 서게 되었다. 성령의 도우심이 아니면 전혀 알 길이 없는 상태였다.

요한 계시록은 펼쳐보려고도 하지 않았다. 잘못 해석하면 이단이 된다고 들었기에 두려웠다. 그런데 기도가 충만하면 계시록이 읽혔다. 19장까지 읽고, 그 뒤는 예수께서 재림하시면 될 일이기에 읽을 필요가 없다고 생각했다. 그런데 성령께서 끝까지 읽도록 도우셨다. 읽다 보니 계시록만 떼어 읽으면 난해하지만, 성경 전체 속에서 읽고 이해하면 무서운 책이 아니라는 것을 알게 되었다. 성경 속에서 사람들이 걸어 나왔다. 천국에서 만나도 낯설지 않을 것 같다.

남편이 산에 올라간 뒤 성령께서 나타나신 때부터 나는 성령 하나님의 임재 속에 있었다. 그런데 성령께서 나와 줄곧 함께하셨지만, 내가 너무 어려서 알아보지 못했을 뿐이다. 마치 부활의 주님이 동행해도 몰랐던 제자들처럼 말이다.

첫째, 중생

예수께서 니고데모에게 "사람이 물과 성령으로 나지 아니하면 하나님 나라에 들어갈 수 없느니라"라고 하신 말씀처럼 성령께서는 나를 중생할 말씀을 먹이셨다. 나의 회심에 극적인 증거는 없으나, 교회에 나가서 첫 예배를 드리는데 목사님의 설교 말씀이 꿀송이 같았다. 그때 부흥회에서 들은 출애굽기 강해는 지금까지 들은 설교 중에서 가장 또렷이 기억난다. 담임이셨던 이계섭 목사님께서 머리에 손을 얹고 기도할 때 방언이 터졌다. 덕분에 5분도 할 수 없었던 기도문제가 해결되었다. 그때 하나님께 십일조도 할 수 있게 해달라고 기도했다. 중생하고 맺은 첫 열매다.

두 번째 말씀의 열매는 내 환경에서다. "누구든지 자기 가족을 돌아보지 아니하면 믿음을 배반한 자요 불신자보다 더 악한 자니라(딤전 5:8)"라는 말씀을 붙잡고 4,800원의 월급 중에서 십일조와 교통비를 빼고는 어머니에게 내놓았다. 어머니는 내심 내가 교회에 다니는 것을 반겼다. 왜 공부를 가르치지 않았느냐고 퍼부어 댔던 것을 멈추었기 때문이다. 이 일은 성령께서 중생케 하시고, 그 증거로 중생의 열매를 맺게 하신 일이다. 하지만 마치 꽃보다 열매를 먼저 맺는 호박과 같은 상태였다. 호박이 자라려면 수정 과정은 필수였다.

둘째, 성령세례

40일 금식기도를 끝내고 약 2년 지났다. 환경은 변할 조짐도 없어 갑갑했다. 새벽에 교회에서 방언으로 기도하고 있었다. 보통의 방언은 내 안에서 나왔다. 그런데 그 날의 방언은 내 입으로는 하지만, 내 안이 아닌 하늘에서 내려왔다. 마치 벼락이 칠 때 하늘에서 불이 새끼줄 같은 굵기로 구불구불 내려오는 것과 같았다. 방언이 날아갈 듯 가벼웠다. 코로 향내를 맡은 것은 아니지만 마치 오이를 자르면 오이 냄새가 싱그럽게 나는 듯했다. 그러나 이러한 기도는 그 뒤로는 되지 않았다. 오직 그 한 번뿐이었다. 가끔 하늘에서 방언이 내려온 그때의 기도를 또 체험할 수 있으면 하고 그리워한다. 그것이 성령 세례인 줄도 몰랐다.

셋째, 광야 인도와 성령 충만

> 예수께서 세례요한의 물세례를 받으시고 물에서 올라오실 새 하늘이 열리고 하나님의 성령이 비둘기같이 내려 자기 위에 임하심을 보셨다고 했다(마 3:16).

> 그 성령에게 이끌리어 마귀에게 시험을 받으려고 광야로 가사 사단의 시험을 말씀으로 물리치셨다(마 4:11).

나도 성령께서 광야로 인도하셨다. 남편이 산으로 올라갔다. 가정의 짐, 교회의 짐은 우주보다 더 무겁게 느껴졌다. 감당할 수 없는 한계에 부딪혔다. 그때 임하여 계시던 성령 하나님께서는 전면으로 나오셨다. 그리고 나로 하여금 그 멍에를 메고 예수께서 제시

하신 좁은 길을 갈 수 있도록 인도하셨다. 로마서 8장에 제시된 "그리스도 예수 안에 있는 생명의 성령의 법이 죄와 사망의 죄와 사망의 법에서 너를 해방하였음이라"라는 말씀을 내게 이루는 과정 과정에서 성령 충만으로 보증이 되셨다. 성령 충만은 한 번의 체험으로 끝나는 것이 아니기에, 고비 고비마다 충만으로 붙드셨다.

하나님의 약속은 동일하다. 누구는 충만하게 붙드시고 누구는 안 붙들어 주시는 것은 없다. 우리에게 다가오는 모든 문제 속에서, 특히 한계상황일 때 성령께서는 조타수가 되시려고 대기 중이시다. 나는 성령께 맡길 수밖에 없었던 환경이었다. 조타수이신 성령께서는 성경을 순례하도록 안내하셨다. 현실의 파도는 여전하지만 익숙해지니, 잔잔한 바다보다는 파도가 클수록 스릴이 만점이다.

넷째, 성령의 권능

예수께서는 제자들에게 "너희는 예루살렘을 떠나지 말고 성령이 임하시면 권능을 받아 땅끝까지 증인이 되어라"라는 말씀을 남기고 승천하셨다. 내 앞으로 성령께서 나타나셨지만 나에게는 도대체 권능이 나타나지 않았다. 너무 답답했다. 성령께서 함께하시지만 오히려 환경은 추락을 멈출 줄 몰랐다.

성령의 권능을 받고 싶어 기도도 했지만 감감무소식이었다. 찾고 찾았지만 내 생애에는 이루어지지 않는 것 같았다. 그런데 성령의 권능을 받은 사람들만의 자격이 있다. 예수님의 공생애와 십자가의 죽으심과 부활과 승천까지 전 과정을 함께 겪은 사람들이다. 우리는 손에 쥐고 있으면서도 그 가치를 모른다. 그 해답은 각자가 찾아야 권능이 입혀진다.

* 성경에서 성령세례의 예

예수 그리스도의 성령세례(마 3:13~17)는 "세례요한에게 물세례를 받고 물에서 올라오실 새 성령이 비둘기같이 내려 자기 위에 임하심을 보더니"에 나와 있다.

초대교회에서 성령을 받은 예는 다음과 같다. 안수할 때다. 사도 바울도 아나니아에게 안수를 받았다(행 9:17). 에베소의 12제자들에게 사도 바울이 안수할 때다(행 19:6)이고, 예수 그리스도를 전할 때다. 고넬료는 베드로를 청하여 "주께서 당신에게 명하신 모든 것을 듣고자"라고 하였다. "베드로가 예수 그리스도를 전할 때에 성령이 말씀 듣는 모든 사람에게 내려오시니(행 10:34~47)"라고 기록되어 있다.

복음이 전파되는 과정에서 "빌립이 사마리아 성에서 백성에게 그리스도를 전파하니 빌립의 말도 듣고 행하는 표적도 보고 일심으로 그의 말하는 것을 좇더라 많은 사람에게 붙었던 더러운 귀신들이 크게 소리를 지르며 나가고 또 많은 중풍병자와 앉은뱅이가 나으니 그 성에 큰 기쁨이 있더라(행 8:5-8)"라고 쓰여 있다. 빌립이 하나님 나라와 예수 그리스도의 이름에 관하여 전도함을 받고 저희가 믿고 다 예수 이름으로 세례까지 받았다. 이 소식을 들은 예루살렘에 있는 사도들은 베드로와 요한을 보내어 성령 받기를 기도하며 안수하매 성령을 받았다. 초대교회는 예수 이름으로 받는 물세례와 함께 성령 받기를 위해 안수하며 기도했던 것을 볼 수 있다.

한국 교회는 1970~80년대 사마리아성에 나타난 것 같은 역사가 일어났고, 큰 기쁨이 있었다. 그리고 이만큼의 부흥을 이뤘다. 하지만 고린도교회처럼 혼란을 겪게 된 것 같다.

* 성령세례(성령 충만)는 오직 사람을 통해서 이뤄진다

예수께서도 세례요한의 세례를 받고 물에서 올라오실 때 성령이 비둘기 같이 내려왔다. 거절하는 세례요한에게 "이렇게 하는 것이 모든 의를 이루는 것이 합당하니라"라고 하시고 좁은 문으로 들어오셨다. 그리고 오순절 때 성령세례를 받은 그 제자들에 의해 전류처럼 이어졌다. 인생 막대기를 통과할 때 성령세례가 주어졌음을 보게 되었다. 홍수 가운데 나타나신 성령 하나님은 고난의 홍수에 함께 타고 계셨다. 지금까지 기도와 말씀 가운데서 함께하신다. 그 임재 안에서는 행복하다.

성령 하나님은 성부 하나님께서 독생자를 보내셔서 이루어 놓으신 구원을 우리 개개인에게 적용하시는 사역을 맡고 계셨다. 첫 시작은 중생케 하는 일이었다. 이 중생으로 우리는 한 알의 밀알이 되었다. 성령세례는 밀알이 신앙 이성이라는 밭에서 싹으로 나오는 경험이었다. 이 싹에 성령 충만한 은혜의 비와 때에 맞는 말씀의 영양분을 공급하여 장성하여 열매를 맺게 하시는 과정이 반복적으로 일어났다. 성령의 권능은 전 과정을 이수하여 실력을 갖춘 이에게 가운을 입혀준다.

> "하늘로서 오시는 예수 그리스도가 만물을 자기에게 복종케 하실 수 있는 자의 역사로 우리의 낮은 몸을 자기 영광의 몸의 형체와 같이 변케 하시리라(빌 3:21)"

이것이 가장 큰 권능이다.

2018년 9월, 크리스천 리더들을 대상으로 하는 북코칭 교실에 발을 들여놨다. 내게 베풀어 주신 주의 은혜에 대한 간증을 쓰기 위해서다. 가만히 있으면 안 될 것 같았다. 하지만 어렸을 때 내가 쓴 일기를 보니 너무 창피했다. 일찍이 글 쓴다는 싹을 잘랐다. 나는 평소에 끄적거리지도 않는다. 심지어는 전화번호도 적어놓지 않았다. 그뿐 아니라 모든 대화는 가급적 함축된 말 한마디로 끝냈다.

딸기잼을 했을 때다. 나는 옆에 있는 동생에게 말했다.

"가져와."

"무엇을 가져와?"

"얘, 지금 이 상황에서 필요한 것이 설탕밖에 더 있니?"

이런 식이다. 내 생각을 제대로 펼쳐놓지도 않고, 못 알아들으면 대번에 핀잔했다. 나는 길게 하는 말은 듣기도 힘들어한다. 그런데 간증 책을 그런 식으로 쓸 수는 없다. 나 자신을 잘 알기에 책을 낸다는 것은 생각할 수 없다고 생각하면서도 발을 내디뎠다.

사모에서 담임 전도사라는 길까지, 꼬불꼬불하고 협착한 길을 40년이나 달려왔다. 그 길은 마치 정글과 같았다. 떡 버티고 있는 절벽도 있고 독사가 입을 벌리고 달려들기도 했다. 모기떼가 습격하기도 하고 가시덤불이 뒤엉켜 있기도 했다. 이 정글은 볼 수도 없고 예측할 수도 없었다. 오직 성령께서 피난처인 예수 안으로 이끌어 주셨다. 그 하나하나가 씨가 되어 내 안에 품어졌다. 이 고난 하나하나가 산이 되더니 40년이 지나자 산맥을 이루었다. 간증을 쓰느라 되돌아본 1년 6개월 동안 지난 40년이 한눈에 들어왔다. 뒤를 돌아보며 지금까지 행하신 일을 기록하다 보니 믿음이 생겼다.

'지금까지 행하신 이가 하나님이시니 완성하시는 분도 하나님이시다.'

남편은 내가 믿음이 없다고 싫어했다. 그런데 나는 도대체 어떻게 믿어야 하는지 알 수가 없었다. 그런데 성령께서 인도하신 지경은 내 믿음으로는 다다를 수 있는 곳이 아니었다. 고난을 통해 눈이 열려 주의 영광을 보고 나서야 믿음이 생겼다.

이 간증을 쓰면서 40년의 신앙 여정이 정리되어 감사하지만, 계속 망설여지는 것이 있었다. 지금까지는 성령을 좇아 왔지만, 현재 눈에 보이는 열매를 내놓을 게 없기 때문이다. 또 그렇게 드러내는

것들은 모두 땅의 것이라고 생각했다. 30여 년 기도의 응답은 삼위일체 하나님께서 인격으로 찾아와 주신 일이다. 한때 나는 하나님이 인격으로 나타나신다는 사실을 오해한 적도 있었다.

'사람처럼 인격으로 나타나신다니, 하나님의 격을 떨어뜨리는 것이 아닐까.'

그런 마음으로 염려하는 중에 음성을 들었다.

"하나님을 보고는 살 사람이 없다."

하나님은 나 같은 인생을 배려하시기 위해 시내산에서는 흑암 가운데서 강림하셨고, 예수께서는 사람으로 찾아오셨다. 나는 그 하나님께 이렇게 기도했다.

"아브라함의 하나님, 이삭의 하나님, 야곱의 하나님처럼, 삼위일체 하나님이 자자손손 내 기업이 되어 주세요. 또 분깃의 소산물을 하나님 앞에서 함께 즐거워하여, 말씀이 흥왕하는 봉사자로 발견되기를 기도합니다."

그렇게 기도하면서도 난 항상 땅의 것만 생각했다. 그러나 하나님은 하늘의 영광으로 채워주셨다. 보여주신 영광만을 보석처럼 반짝이게 증거하고 싶었으나, 표현력이 어설퍼서 안타깝다. 다만 성령께서 친히 이 간증 책을 민들레 홀씨처럼 사용해주시길 기도한다.

나는 끝까지 전도사의 길로 들어서고 싶지 않았었다. 그러다가 이 말씀에 굴복되었다.

> "내가 이제 너희를 위하여 받는 괴로움을 기뻐하고 그리스도의 남은 고난을 그의 몸 된 교회를 위하여 내 육체에 채우노라(골 1:24)"

마음은 굴복이 되었는데 도대체 그리스도의 남은 고난은 무엇인지에 대한 숙제를 풀지 못했었다. 그런데 간증을 쓰면서 이 숙제가 해결되었다. 그리스도께서 이루신 일이 내 안으로 들어오려면 고난을 통해야만 했던 것이다.

> "아무든지 나를 따라오려거든 자기를 부인하고 자기 십자가를 지고 나를 쫓을 것이니라(눅 9:23)"